以你为傲

——连云港职业技术学院校友风采录

主　审　刘润忠

主　编　仲伟勇

副主编　汪建明　刘长虹
郑　硕　张　波

编委会名单（以姓氏笔画为序）

史明亮　仲伟勇　刘长虹　汪建明　张　波
郑　硕　骆汝九　夏加力　顾　强　韩　燕

上海交通大學出版社

内 容 提 要

校友的人格魅力、工作业绩、社会声誉彰显了学校的办学理念，展示了学校的人才培养成果，体现了学校的社会贡献。校友们的足迹是学校文化的脉动、传播与传承，校友们的成就是学校的无上荣光。

从2007年以来，连云港职业技术学院以“校友风采”为题，在校报上开设专栏，介绍在社会上有广泛影响力的各行各业的优秀校友，力图通过他们丰富、精彩的人生故事，展现连云港职业技术学院的文化传统和历史传承。

本书记载了50个优秀学子或团队的成长故事，从不同角度反映了连云港职业技术学院学子积极向上、勇于拼搏的精神风貌。他们满怀激情，点燃了一颗颗青春火种；他们兢兢业业，谱写了一篇篇精彩人生。

图书在版编目(CIP)数据

以你为傲：连云港职业技术学院校友风采录/仲伟勇主编.—上海：上海交通大学出版社，2012
ISBN 978-7-313-08880-2

Ⅰ.①以… Ⅱ.①仲… Ⅲ.①连云港职业技术学院–校友–生平事迹 Ⅳ.①K820.7

中国版本图书馆CIP数据核字(2012)第183997号

以你为傲
——连云港职业技术学院校友风采录
仲伟勇 **主编**
上海交通大学出版社出版发行
（上海市番禺路951号 邮政编码200030）
电话：64071208 出版人：韩建民
上海交大印务有限公司印刷 全国新华书店经销
开本：710 mm×1000 mm 1/16 印张：15.75 字数：253千字
2012年9月第1版 2012年9月第1次印刷
ISBN 978-7-313-08880-2/K 定价：34.00元

序　一

校友是一所学校发展的历史见证，是学校人才培养成果的重要体现。30 多年来，连云港职业技术学院秉承“德才兼备 知行合一”的办学理念，为国家和社会培养了 4 万多名各类优秀人才，一批又一批校友传承母校的期望，成为推动地方经济建设和社会发展的中坚力量。他们以出色的业绩为母校赢得了良好的社会声誉，他们中的许多人，虽然在各行各业的岗位上默默无闻，但他们以辛勤的劳动为国家和社会做出了自己的贡献。他们骄人的业绩让我们倍感欣喜，他们恪尽职守、奉献社会的精神更是让我们深受感动和鼓舞。

校友不仅是社会的人才资源，更是学校发展的宝贵财富。一名名校友就是一个个榜样，他们对在校的学生能够起到很好的示范和教育作用。许多校友也以不同的方式表达着对母校的关心与支持，成为母校薪火相继、永葆生机的不竭动力。

从 2007 年开始，我们在校报上开设《校友风采》栏目，就是要继承过去的优良传统，颂扬优秀校友的感人事迹，鼓励莘莘学子们成人成才，激励广大校友在人生的道路上继续奋进，发奋进取，开创灿烂的未来。

现在，我们把几年来采访校友的前 50 篇文章汇集成册，将校友们的奋斗历程和不凡业绩浓缩在这里，展示给风华正茂的学子，鼓励其努力，激励其奋斗，进一步坚定他们就业创业的信念。

桃李不言、下自成蹊。学生是学校的最终产品，也是学校办学成果的综合体现。毕业后，校友就是学校的形象和名片，就是学校积淀历史传承、展示文化底蕴的重要组成部分。由于诸多因素的制约，我们所采访的这些校友，还远远不能代表全部校友的风貌。“今天我以学校为荣，明天学校以我为傲！”这是许多在校学子对母校的誓言。今天，他们做到了！他们用自己的品格言行，证明了人生的价值；他们用自己的斐然业绩，为母校赢得了荣光！

是为序！

连云港职业技术学院党委书记

吴建成

2012 年 8 月

■序　二

本书是由我校不同时期毕业的50名校友采访的独立文章编辑而成。文章记述了这些校友走向工作岗位若干年后的工作、生活片段，有事业成就，也有人生感悟和体验。

我校办学30多年，开办了50多个专业，先后培养了4万多名毕业生。他们走向社会后的成长历程，是他们继学校教育后自身完善的重要延伸，也是检验学校教育成效的重要依据。这50名校友的成功经历和对社会做出的贡献，是我校4万多名毕业生的缩影，也是我校30多年办学成就的缩影，他们证明了学校存在的价值。

学校教育相对于社会实践而言，较为简单。不论是哪个专业、哪个年代入学的同学，在校期间，其学习环境、学习条件、学业年限以及评价标准都大致相同。而社会实践则丰富得多，每个毕业生面临的机遇和挑战可能大不相同，很多人之所以能够脱颖而出，既要靠个人努力，也要看社会提供的机会和条件。总体而言，这30多年来，高校毕业生属于成功的社会群体，应该感谢这个波澜壮阔的改革开放年代为他们施展才能提供了广阔空间。作为学校，也应该庆幸顺应了时代的要求。

应该指出，高校毕业生在走向社会后，并不必然直接通向成功之路。事实上，有很多人经历了挫折和坎坷，然后才走向成功。成功来之不易，也许成功必然伴随挫折。50名校友中，很多人有这样的经历，这使我们对他们的成功油然而生敬意。由于条件所限，我们不能也不可能采访到每一位毕业生，然而我们坚信，每一位毕业生的人生经历都是一本书，与本书中展现的50名毕业生一样，共同构成了学校的骄傲。

我本人是学校办学30多年的参与者，见证了学校的发展，也见证了迄今为止每届学生的进进出出。当我看到本书的初稿时，仿佛看到了无数张年轻生动的脸庞，感想颇多，写下上面这些话。

是为序。

连云港职业技术学院院长

刘润忠

2012年8月

■ 目　录

东方女孩

——记连云港广播电台节目主持人 葛小琴

葛小琴 连云港广播电台节目主持人

籍　　贯：江苏省连云港市

院系专业：建筑工程系(现建筑工程学院)建筑工程技术专业1998届

理想的人生：平凡而心系崇高、深刻而不失纯真、简约而拥有浪漫

座 右 铭：认真做好每件事，无悔度过每一天

对自己影响最大的人：父亲

最喜欢的书：《约翰·克里斯多夫》

最大的爱好：书法、舞蹈

在霓虹闪烁的港城的夜晚，许多忙碌、紧张、浮躁的人也许没有注意到，就在这座城市的上空，有一股流动的电波，它在悄然影响着我们身边的大中学生。每晚 9 点始，连云港电台 40 分钟社教类广播《东方女孩》，它围绕少男少女成长这一主题，在心理健康、学习读书、人际关系、家庭生活、时尚偶像及自我保护等方面与青少年进行着交流。

这档节目自 1999 年诞生以来，以她独特的风格默默地影响着孩子们。但随着 2003 年江苏省广播"十佳优秀栏目"（省政府奖）、中国广播电视新闻奖首届"十佳公共栏目"（与中央台《新闻与报纸摘要》同列其中）等重量级大奖接踵而至，这档影响着苏北鲁南无数青少年的节目和话筒后面的主持人也逐渐走进了人们的视野。这位"东方女孩"，就是我校 98 届建工系毕业生葛小琴。

在心底播一颗希望的种子

虽然葛小琴从小就喜欢播音，但阴差阳错进了我校建筑系，心气很高的她进一所专科院校本身就很自卑，加上专业与喜好不符，打击之大可想而知。学好专业的同时，她进了学校的"春之声"广播电台。葛小琴感慨道，"那真是锻炼人的地方"。当时院宣传部的范红部长很重视电台，带她到彭城职大等地学习。葛小琴经常参

葛小琴在工作(2007 年 3 月)

加学校的活动，首届演讲比赛就拿了二等奖。“我记得一等奖是现在市电视台的学姐宋丽萍，二等奖是现在市电视台的李华和我”，葛小琴说。

因为自己要编稿、播稿，为把节目做好，她经常泡在学校的图书馆查资料，把学到的知识学以致用。“我经常在那里碰到李华，虽然我们没有交流，但我觉得她也很用功。我也要用功！”不知葛小琴是表扬她的同学，还是以同学来激励自己。

电台有时请老师做直播。第一次做直播，她“手心全是汗”。她是走读生，下午四点下课，但她经常不回家，到大喇叭底下等着听自己的节目，边听边琢磨找感觉，五点半才回去。

耐得住寂寞浇灌种子发芽

1998年6月，眼看就要毕业了，毕业后干什么？葛小琴有点茫然，毕竟自己喜欢干的不是自己学的。6月9日，吃过丰盛的生日午餐，她鼓足勇气拿自己的未来“赌”了一把：敲开了市电台领导的办公室，向她表示——自己非常愿意来学习、帮忙。这一赌改变了她的人生。

母校办学30年，葛小琴(站立，中)和“春之声”电台的同学们在一起(2009年12月)

但这一赌并不是像下一把赌注那么简单。3 年时间，她一直以临时工的身份兢兢业业地工作。“好之者不如乐之者”，没有工资，只有每月以稿费名义开出的 200 元收入，她依然干得异常投入。

她的勤奋和才华终于引起了领导的重视。2001 年开始策划播出的《东方女孩》栏目是专门针对葛小琴的特点量身定做的。作为节目灵魂人物的主持人，她用真情投入到每一档节目中，用心去揣度少男少女的内心世界，和他们一起快乐、一起悲伤。睡觉的时间好像越来越短，要做的事情却越来越多，可忙过之后，经验和能力也慢慢见长，生命因此变得充实而丰满。在每天 100 多封的来信里，许多孩子说：节目的内容和我们非常贴近，小琴姐从不板着脸说教，不仅和我们像朋友一样地交流，而且分析问题入情入理，注重我们的内心感受，这是心与心的沟通，我们愿意接受。

享受种子开花以后的快乐

付出总有回报。2001 年，由她编辑、主持的《东方女孩》栏目荣获省广播电视“十大名牌专栏”称号，被评委誉为“给广播界吹来一股清新的风”。在 2003 年成为江苏广播“十佳优秀栏目”，并入选中国广播电视“十佳公共栏目”，成为全国地级市中唯一获得该奖项的节目。

在由国家广电总局主办的首届全国广播电视品牌战略论坛上，中国广电学会的专家们对《东方女孩》给予高度评价。他们认为具有栏目创意极致性、题材稀缺性、包装时尚性，主持风格轻松、清新，非常符合青少年的个性，适合青少年收听。

今天的葛小琴不仅成了广电系统的正式职工，而且拥有“连云港十大杰出青年”等许多荣誉称号。但她并不太看重这些。她对时间的安排是：白天是用来干活的，晚上是用来享受的。当记者提及她的工作时间就是晚上时，她说：“可能对于我来说，工作就是享受。”

她向我们描述她的“享受”：每天不管白天有什么事，一到晚上坐在演播室，我就能兴奋快乐起来。我会根据听众来信设置情景，想着周围有一群朝气蓬勃、青春洋溢的朋友，我会不由自主地用心和他们交流，我的声音就像我的心一样快乐。

谈到母校，葛小琴充满了感情："实际上职大（我院前身——编者按）藏龙卧虎，我从老师那里学到很多东西。其实学生中有的也很出色，动手能力、生存能力很强。分数高的固然有高手，但分数考得不高的同学中有的实际能力却很强。但遗憾的是许多学生并不知道自己很优秀，从而影响了自己的发展，这是很可惜的。我也是很多年以后才明白这个道理！"葛小琴对记者说的话似乎是给学弟学妹们的真诚告诫，又似乎没有从她的《东方女孩》节目中走出。

她透露，在她的《东方女孩》节目中，有一档精心策划的"东方女孩"走进美丽校园大型系列活动，如果可能的话，她愿意带着这档节目回到自己的母校。

（郑硕　采访于2007年3月）

风雨之后见彩虹

——记江苏天明机械集团董事长、党委书记
卢明立

卢明立　江苏天明机械集团董事长、党委书记

籍　　贯：江苏省连云港市

院系专业：机械系(现机电工程学院)机械制造专业1988届

座 右 铭：彩虹总在风雨后

对自己影响最大的人：父亲

一

这是一个市场经济下的神话！这是一段企业发展的传奇——

7 年时间，从 2000 年的 10 万元到 2007 年的 3.2 亿，后者是前者的 3200 倍，年增长 200%。一个创业时只有 9 个人、靠租赁厂房自主创业的小作坊式企业，快速演变成为经营范围涉及科技研发、机械制造、职业教育、旅游等产(行)业，以 5 个骨干制造企业、一所职业技术学院、一家旅行社、一家贸易公司为架构的省级集团化企业。

还是 7 年时间，以往我国完全依赖进口的氨纶纺丝成套设备，由他们改写为“中国造”，填补了国内的空白，替代了进口产品，国内市场占有率迅速达到 85%，成为中国氨纶纺丝机械设备唯一的制造基地，并向国际氨纶纺丝设备最大制造基地的目标迈进。企业有多项产品获得国家、省级高新技术产品称号，所取得的荣誉有省、市级科技进步奖，国家级、省级火炬计划、科技攻关项目等。

仍然是 7 年时间，公司从创业时的 9 名员工发展到现在已有 600 多名员工，建立了一支以享有国务院特殊津贴和有突出贡献的国家级专家为核心的，由 200 多名科技人员组成的科研骨干队伍，企业被批准成立江苏省企业技术中心、连云港轻工机械工程技术研究中心，并通过 ISO9001 质量管理体系认证。

而创造神话和神奇的人自己也先后获得江苏省优秀民营企业家、江苏省优秀社会主义建设贡献奖、江苏省有突出贡献的中青年专家、江苏省“五一”劳动奖章、江苏省青年创业风云人物、江苏省“三创之星”先进典型等诸多荣誉称号，并担任江苏省工商联(总商会)副会长、连云港工商联副会长、连云港市海外联谊会副会长、连云港市青年商会副会长等职，还被推选为连云港市第十一届人大代表。

创造这个神话和传奇的就是江苏天明机械集团董事长、党委书记，我院机械系(现机电工程学院)机械专业 88 届毕业生卢明立。

二

“其实我是一个没考上大学的人!”卢明立开口的第一句话就让记者一头雾水。

记者面前的卢董和一般人印象中的大腹便便、高声大气、颐指气使的大老板完全不同，他个头不高，西装、眼镜，虽然有些消瘦，但目光犀利而又温和，一派儒雅的君子之态。“我是以连云港汽车修配厂的工人身份考上了职大的前身连云港职工大学，当年我能上职大，还是在现任院长、当年的学生处处长刘润忠的帮助下才得以实现的。我是1988年毕业的，是职工大学的最后一届，不过那时候学校已经是一所学校两块牌子。职业大学招的是应届高中毕业生，毕业后是干部身份，而职工大学招的是在职工人，毕业后依然是工人编制，但是两者的课程设置和授课老师都是一样的。我记得我们系的主任是黄著老师。现在的顾强院长、江飞舟、王克武等许多老师都教过我。在职大，我在老师的引领下加入了党组织，3年时间里所学到的专业知识和修身养性、做人的道理，成为我一生受用的财富！”

卢明立(前排中)和在天明机械集团工作的连职院校友们在一起

讲起20多年前的学生生涯，卢董的目光扫向远方，像是进入了时空隧道：“那时候的条件差。我记得我们上课的教室就是你们现在主楼后面的小楼，我们机械系在3楼，2楼是建筑系和化工系，1楼是中文系，这应该是我们学校最初设置的4个系。我1985年进校不久，教学楼前的主楼就开始打地基，到1988年毕业的时候还没建起来。夏天的晚上，我们经常就着灯光在大楼的地基上看书！”当记者让他看有关我们新校区建设奠基仪式的校报报道时，卢董感慨道：“现在学校都要建新校区了，时间过得快，发展得也快啊！”

三

学生时代，夏夜，卢明立常常在职大新大楼的地基上读书，也是在打他自己人生事业的地基。1988年毕业以后，他回到厂里当了技术员兼团委书记，1991年任所在企业集团团委书记，1993年下半年任副厂长，1996年年底任厂长，1998年任厂长兼书记。凭着一股强烈的事业心和现代知识青年对社会经济发展的敏感，他提出对企业进行改制的建议，但因为种种原因，改制没能成功。如果说考上大学是人生的一大转机的话，卢明立面临着人生的又一选择：是守着日益萎缩、濒临倒闭的企业在泥潭中苦熬，还是摒弃陈苛下海重新寻求新发展？

这个海边长大的年轻人，决定真的“下海”弄潮了。在对国内外市场充分地研究以后，他看中了为“穿”制造原料的氨纶行业。我国氨纶机械设备市场一直是受日本、韩国控制，国内氨纶纺织企业要上项目、扩建，成本高，周期长，这种状况严重制约着我国纺织工业的发展。卢明立要做国内没有人做成功的事，初步确定用自己机械专业的特长进入氨纶机械设备制造业。自筹10万元资金，租赁别人的厂房，带着8名自愿下岗的有志者，卢明立的事业起步了！

他的事业选择了高起点——组织有关专家，用了不到半年时间，攻克了氨纶纺丝组件的技术难关，产品经用户使用，达到了国际水平，从而打破了日本和韩国在中国市场的垄断，卢明立下海创业获得了第一桶金。仅用了1年时间，公司的资产就增加到300万。

创业没有平坦大道，危机在阳光灿烂的时候爆发了。2001年年底，一批产品在制造过程中，因选材不当，致使产品出现了严重的质量问题。许多人劝卢明立退却，人间蒸发。300万不是小数目，也够一家人过上不错的小日子。但卢明立义无反顾地选择了令所有人都瞠目结舌的做法：他用了8个多月的时间把所有的不合格产品更换了一遍！为找出质量原因，他曾经连续48小时不睡觉；也曾开车赶500公里的路，夜里3点赶到客户厂里；也因为工作压力过大，8个月时间内，夜里睡觉经常处于失眠状态。当他把这一切都做完的时候，他赔光了他的300万。

300万元的损失没有把卢明立击垮，而是树立起了卢明立诚信的形象，在客户群中形成了良好的口碑。当他在全公司职工期盼的目光中，带着标书和日本人竞争的时候，他的诚信为他东山再起起到了决定性的作用。当日本公司使出浑身解数企图将天明公司彻底打垮的时候，客户因为卢明立的诚信而最终选择了天明。因为，他们面对为了诚信宁愿自己倾家荡产的“小卢”，还有什么怀疑的呢！

四

接下来的事情似乎就是水到渠成、柳暗花明——

2002年3月到5月，在走出困境后的两个月内，天明公司就接到了5000万的订单，收到客户预付款2000万。

2003年年底，在国家政策的大力支持下，江苏省将天明公司研制的氨纶全自动卷绕机纳入了科技攻关项目，经过卢明立率领的“天明团队”9个月的奋斗，样机试运行成功，攻克了该行业产业化的最后“堡垒”，打破了日本同行“天明机械拿出样机至少需要5年时间”的论断。

随后，该产品在国内10多个大型氨纶生产企业投放使用，专家鉴定该产品为国内首创，完全可以替代进口。由于产品技术先进、价格合理，而且售后服务体系完善，一下就把日本人手中的包括氨纶卷绕机在内的所有氨纶纺丝的成套设备市场夺回来了85%。日本权威的行业报纸《日本纺织报》刊文惊呼：“天明机械氨纶卷绕机研制成功，将对日本卷绕机制造企业的就业、卷绕机产品价格产生巨大影响，日本卷绕机制造企业将面临产大于销、职工失业、产品价格下降的不利局面。”

“天有不测风云”，幸福的时间总是短暂的。仅仅到了2004年下半年，西方国家对中国纺织品实施贸易壁垒，导致中国氨纶丝出口大量减少，市场滞销，再加上国家宏观调控等因素影响，下半年竟然没有一份订单，效益直线下滑，数百名工人面临着失业，天明机械面临着又一场严峻的考验。但就像1985年上职大、2000年下海创业、2002年赔得倾家荡产一样，这一次卢明立同样也没有退却：他选择了上新项目分兵突围。“凡事预则立，不预则废”，面对记者，卢董打了一个形象的比喻：“企业就像鱼，涨潮的时候，大家都游得很欢，但落潮的时候有许多将干死在沙滩上！”根据国内外市场需求和企业发展空间，卢明立果断地决策：走“围绕机械制造、多元化发展”之路，规避企业发展的风险，进军地质机械制造、特种车辆制造和皮革机械制造领域,实现了跨越。

我们就看天明公司2006年的几次大手笔吧——

2月,一次性引进200多名专家及专业技术人员,从事地质工程钻机和特种车辆研制;3月,XY—2000型岩芯钻机研制成功并投向市场,成为国内第一个突破钻探深度达2000米的岩芯钻机制造企业;6月,注册成立天明瑞业机械制造公司,研制生产具有高科技含量的特种专用运输车辆,并获得省发改委核准、国家发改委备案的生产许可证;7月,投资2000万收购连云港达胜皮革机械有限公司;9月,投资2000万创办的江苏经贸技师学院天明分院开学,为企业和社会培养合格的技能人才;10月,总投资2.05亿的特种车辆制造基地项目启动;12月,XY—3000型岩芯钻机研制成功……

五

作为我校杰出的一位校友,当记者请卢明立以自己的亲身经历给现在的学弟学妹们一些告诫的时候,卢明立董事长简单谈了几点:虽然每个人的成功都是由多种因素综合作用的结果,但“诚信做人,永远坚持而不轻言放弃”却是成功者最不可缺少的,彩虹总在风雨后;要清醒地认识自己,结合自身的条件和特长给自己一个准确的定位,脚踏实地而不是好高骛远,这一切都是很重要的。

无须多言,卢明立董事长自己奋斗的人生经历就是对这些品质最好的诠释!

卢明立说,他时刻关注自己的母校,关注着母校日新月异的发展和变化;他相信,现在在校的学生中,也必将涌现出许许多多的优秀人才;如果他的人生经验能够给在校的学弟学妹们一些启发,他会感到非常快乐!

(郑硕　采访于2007年4月)

从大学生干部到国家公务员

——记中共赣榆县委办公室主任　李志鹏

李志鹏　中共赣榆县委办公室主任

籍　　贯：山东省莒南县

院系专业：社会科学系(现公共管理学院)中文秘书专业 1997 届

座 右 铭：忠诚胜于能力　责任高于一切

对自己影响最大的人：父亲

喜欢的书：保罗·萨缪尔森的《经济学》

最大的爱好：欣赏大海

作为我校中文系(现公共管理学院)94级中文秘书专业学生,李志鹏在校时就是一名优秀的学生干部,1997年参加连云港市首次公务员招考,成为一位国家公务员。他踏踏实实,兢兢业业,在平凡的岗位上,从一名普通办事员做起,历任县委办秘书科长、副主任、柘汪镇镇长、班庄镇党委书记,仅仅10年,年仅32岁,就成长为能够独当一面的赣榆县委办公室主任。现在我校的同学中,也有许多有志成为公务员,李志鹏走过什么样人生轨迹?他的大学生活对学弟学妹们有什么样的启发?他的成功背后又有什么样的故事呢?带着这些问题,记者专程走访了李志鹏。

"其实,我这10年的努力,那点成绩和在职大读书时打下的基础有很大的关系。"儒雅得有些书生气的李志鹏好像更多地愿和记者谈自己的大学生活。"那时条件艰苦,但留下的记忆一辈子都无法忘记!我进校时是中文系,毕业时改叫社科系了。楼后的芦苇地是许多同学课余钓龙虾的地方。刚进校的时候,人还真有些颓废,甚至有想打背包走人的念头。思想的转变是在军训的时候,艰苦的军训使我感到,这样的辛苦我都能受得了,我害怕什么呢?我虽无法改变现状,但我可以提高自己啊。自信是成功者的天梯,自卑是自卑者的坟墓。自卑,上帝也不会救你!"

思想通了,李志鹏的潜能被充分挖掘出来。他开始积极参与各种活动,逐渐成为一名优秀的学生干部。"实际上,我原来是个特别内向的人。从小跟着父亲,从山东到江苏,学校换了4所,可能是换的地方太多,还没有适应环境又变了,造成了我不愿和人打交道。记得有一次,父亲的客人来了,我竟害羞得躲到门后去。在职大,我意识到自己的缺陷,需要在理性思维的指导下克服缺陷,为走上社会早磨剑,广泛参加各类社会活动,从开始的参与到后来的组织。3年下来,职大宽松的环境造就了我的能力,我为自己的提升自豪,也自始至终为自己的成长而深深地感激着职大。"

内向的李志鹏开始时自然并不是学生干部。一次,学校开运动会,班主任魏鹏举老师临时让他组织班级啦啦队,他干得有模有样,后来就成了班级的组织委员。再后来,又从帮助学长们抱篮球开始,到校学生会做干部。做班长、做系里的团总支副书记时,一年的经费只有500元,他设了很多奖项,最后还有结余。"打扫卫生设了30元的卫生奖,发流动红旗和黄旗。每个班级都把地面拖得干干净净,就是我们首创的啊。"李志鹏回忆起当年的"创举",显然兴致盎然。

"事情做多了,能力提高了,自信也就有了!"李志鹏讲起他做大班(为方便管理，几个班合在一起）班长时的一件事。当时许多同学都爱听市电台汪帆、张馨老师主持的《月夜心声》节目。几个要好的同学一合计，就“胆敢”骑个破自行车，到电台去找，连哄带请，竟把两位老师搬到学校来了。“我们都没有想到会那么轰动，整个走廊上全是人！”

大三的时候，公务员招考给了李志鹏一次机会。“其实，准备时间很短，只有区区的一周。”李志鹏回忆道：“那是寒假，学校的宿舍都关闭了。我们是在教室里搭的地铺，把找来的稻草席铺在褥子底下取暖。没啥复习资料，只有一位同学从宿迁花100块（相当于当时一般人的月薪）买了本参考书，哥几个撕成几份换着看。凑钱到小饭铺吃饭，那位提供书的同学就不用掏饭钱。”1997年李志鹏如愿走上公务员的岗位。他感叹道：“机会真的是给有准备的人的，考试考的是综合能力，平时的锻炼这时起了作用。有许多名牌大学的学生和我们同场竞技，但我们这些专科生并没有输给他们。我觉得学业是非常重要的，但学习的过程又些许有枯燥乏味的感觉，你可能并不了解，可实际上你学的知识无时无刻不在潜移默化地支撑着你的思维，能力和知识不可偏废。”

“但学校的学习和真正的工作仍然有距离。”说起自己的办公室生涯，李志鹏显得平平淡淡：“刚坐办公室，领导让我写一段学习体会，我写了2000字，领导要我提炼、概括成300字，可我不会，人家都交了，我却在那抹眼泪。成功的背后常常有难以启齿的付出，可许多人只看到光环。我把学业务叫‘爬山’，咬住牙坚持，爬到山顶，则是豁然开朗，一览无余；半途而废，则永远欣赏不到另外一个世界。我曾有过15天只回两次家，左手挂水、右手写材料的经历，也曾尝过连续3个月平均每天只能睡3～4个小时的滋味，其实，办公室的工作千头万绪，又普普通通，没啥惊天动地的事，我也不好说。我并不比别人聪明，如果非要说优点，可能就是自己能吃点苦，思维能够提前点，做工作多点韧性，对组织更加忠诚吧。”

后来，李志鹏把这种吃苦、思维、韧性和忠诚也带到了基层工作的第一线。他说到了在班庄镇担任党委书记时的两件事。班庄镇地处赣榆西部山区，是革命老区，经济落后，但资源丰富，特别是大理石资源特别丰富，著名的“雪花白”就产自这里。为了充分发挥这里的资源优势，李志鹏为首的镇领导班子决定建设班庄建材产业集聚区。为了不给老百姓添负担，李志鹏广泛联系当地的民营企业，为园区争取了200多万的资金支援。他举例说：“班庄水泥厂在当地是个较大的私营企业。

我请老板喝酒。我给老板鞠了三个躬、敬了三杯酒，一个代表历届当地领导，感谢他对地方经济的贡献；一个代表当地百姓，他帮老百姓解决了许多就业岗位；三是为自己，我‘有难’，请求他帮忙。山区的人讲义气，讲感情，他很仗义，白送我们2450吨水泥。”

李志鹏对百姓的忠诚更让人感动。班庄镇境内有17座小水库，有一次一座水库发生管涌。坝上的一个碗口大的出水点两小时变成了脸盆大小，斗大的巨石顺着溢洪道而下。如发生垮坝，5分钟之内下游的村庄将遭受灭顶之灾，从早上6点到夜里12点，李志鹏坚守现场，身着裤衩背心，在烈日下指挥，饿了就吃点煎饼猪头肉，结果被严重晒伤，背部一层皮沿着背心的边缘全部脱落，以至以后好几年他都不敢到公共浴室洗澡。“做官的不要以官的大小论英雄，务实地做些有利于地方发展、有利于百姓致富的事，才会给人留下印象。忠诚，不光是一种道德，也是一种力量。”提起这事对自己的启发，李志鹏坚定地说道。

采访结束的时候，李志鹏主任认真地对记者说，作为一名国家公务员，他只是做了自己应该做的事情；作为一名职大毕业生，他也只是万万千千同学中普通的一位。他愿意和大家分享自己从大学生干部到国家公务员的人生经历，只是希望学弟学妹们能从中得到哪怕一点点启发和帮助！

（郑硕　采访于2007年5月）

学海无涯苦作舟

——记南京航空航天大学航空宇航学院土木系教授 吴 瑾

吴 瑾 南京航空航天大学航空宇航学院土木系教授

籍 贯：江苏省连云港市

院系专业：建筑工程系(现建筑工程学院)工业与民用建筑工程专业1986届

1983 年是我校(原连云港职业大学)作为全日制普通高等学校招生的第一年。而就在这一年,一个个头不高、戴着一副厚厚眼镜的瘦弱男生迈入了建筑工程系的教室,却引起了全校师生的高度关注,他就是吴瑾——当年的全校高考状元,如今的南京航空航天大学航空宇航学院土木系教授。从普通的专科毕业考上硕士、博士研究生,从一名普通的青年教师成为南航土木系的奠基者、学术上的佼佼者,其背后付出了怎样的辛苦与努力,外人是难以体会的。他的成功求学经历会为我们当前在校生带来怎样的启示呢?带着这些疑问,记者专赴南航走访了吴瑾教授。

见到我们的到来,吴教授由衷地感到高兴,多年的校园生活让他身上散发出浓厚的学术气息。"其实职大并不是我考上的第一所大学",面对记者疑惑的目光,吴教授微笑了,"1982 年我就已经考上了徐州医学院,读了半年的时间,由于眼睛高度近视的原因,不得已我退学了,又参加了第二年的高考,这才来到了职大。呵呵,想当年我的高考成绩比起我们班里有些同学高出 200 多分呢。"谈及往事,他露出一丝孩子般的笑容,赤子之心悠然流露。

吴瑾教授在悉尼

"刚刚建校的职大一无所有,硬件设施很差,缺乏一定的办学经验,第一年只招了 120 人,共 3 个班。那时的我们都经历过从痛苦迷茫到认清奋斗目标的心路历程,没有办学经验,老师就边教边学,慢慢探索着教学规律,学生也在摸索中前进着",他的表情严肃起来,"但是我印象非常深刻的是那时社会环境很单纯,人们没有很多的想法,老师和学生们都只有一个信念,就是如何把工作和学习做得更好。那时的教务处长祝其悌对于教学质量抓得很严,就师资环节来说,学校缺乏足够的老师,就千方百计从全市范围内寻求合格人才,所有外聘老师都要进行严格的学历资历审查,以确保学生得到最好的教育。记得高数课,老师上课认真教学,考前从来没有重点可划,及格与否就看你平时是否认真学习了,而且没有太多的补考机会,那时我们班里两个同学高数没有及格,就没有拿到毕业证书。"可以看出,那时严谨的教风学风给年少的吴瑾留下了深刻的印象,也给他以后成长烙上了深深的印记。

昨夜西风凋碧树，独上高楼，望尽天涯路

入学时的全校高考状元吴瑾的内心是不服气的，如果不是眼睛的因素，他可能会有更加精彩的大学生活。他也是不满足的，他不肯让自己的人生只停留在专科毕业这一层次上。入学之初，经过短暂的迷茫与困惑后，吴瑾就暗暗下定决心，不能满足现状，更不能停止学业上的追求，3 年的大学光阴悄然而逝，凭借着优异的在校成绩，毕业时，他顺利留校成了一名大学老师。然而在教学过程中，吴瑾越发感到自己知识积累的不足，要给学生一碗水，自己就必须有一桶水的容量，专科毕业成为教学水平进一步提高的瓶颈。吴瑾暗暗下了决心，把学历提高作为自己奋斗的目标，在职本科、考研……像一团燃烧的火焰一样成为心中不灭的梦想。多少个夜晚，别人在游乐嬉戏，他却是在台灯下、在厚重的专业书籍陪伴下度过的。一名普通专科毕业生想顺利读完本科课程、考上研究生谈何容易，这就意味着要付出比别人更多的努力和汗水。两年后，甘肃工业大学工业与民用建筑专业本科文凭和结构工程专业硕士研究生录取通知书到达时，人们了解了他对于梦想追求的执著，对于学术攀登道路的坚定。

衣带渐宽终不悔，为伊消得人憔悴

1991 年 7 月，研究生毕业的吴瑾再次回到了母校连云港职大任教。他对这块给予他深刻烙印的土地充满感情，他无法忘记自己严谨的求学态度是深受这里老师的熏陶而成的。重新站在建筑工程系的讲台上，他有了更深的感悟。

如果说过去的 8 年中他明白了做学问首先要有执著的追求，明确目标与方向，坚定不移地去追求，那么现在的吴瑾越发明白学问所得不是轻而易举、随便可得的，必须坚定不移，经过一番辛勤劳动，废寝忘食，孜孜以求，直至人瘦带宽也无怨无悔。在教学过程中，他不断突破，先后获得过省“红杉树”园丁奖银奖、省第四次高校科研成果优秀奖等一系列荣誉。多年后回忆起这段往事，吴教授非常平和，荣誉已属于过去，而追求从未止步。2000 年，已经被评为副教授的吴瑾又一次不安分起来。在大多数人眼中，他已取得了不菲的成绩，可他却越发感到知识的匮乏，

继续充电还是保持现状？前者意味着重新投入到无止境的学习生涯中去，后者意味着可以在职大享有一份安逸的生活，吴瑾义无反顾地选择了前者。那一年，他考上了河海大学结构工程专业的博士，开始了又一次艰苦的求学生活。

众里寻他千百度，蓦然回首，那人却在灯火阑珊处

读博士期间，吴瑾得知南京航空航天大学正在筹建土木系，他心动了，如果能参与其中，又将为自己的人生开拓新的篇章，这是多么难得的机会啊。离开熟悉的环境，一切从零开始，对于很多人来说并不容易，可他做到了，并且获得了成功。获得博士学位后，他进入南京航空航天大学工作。经过5年的发展，在多方努力下，土木系已经初具规模。吴瑾的教学也卓有成效，2003年获得南航教学优秀二等奖，他的论文多次被EI收录，2005年被评为教授。目前吴教授除了给本科生上课外，还带着3名研究生，经常参与省内外重大工程项目的建设。满怀对连云港这片土地的热爱留恋之情，他积极参与了连云港港口的某些建设工程，经常奔波于连云港与南京之间，用自己的聪明才智为家乡的建设发展贡献着自己的力量。吴瑾教授深知做学问、成大事业者，要达到最高境界，必须有专注的精神，反复追求、研究，下足工夫，直至豁然贯通。他说自己仍然在路上，没有止步，对于学术的追求永无止境。

吴瑾教授是忙碌的，他说做学问，没有捷径，只有执著于目标，不断前进，“书山有路勤为径，学海无涯苦作舟”也许就是他多年求学经历最好的心得体会了。他的时间是宝贵的，却向记者详细地询问了母校的发展近况，特别是关于目前新校区建设的种种细节，看得出来，他的心仍然密切关注着这一片土地的一草一木，关心着母校未来的发展，关心着家乡的变化。

对于吴瑾教授的采访结束了。记者感慨颇多，受益匪浅。从他身上，记者感受到了一位学者的内敛和睿智，一位长者的平和与宽容。有梦想有追求，希望同学们都能像吴教授那样，走好人生的每一步。

（韩燕　采访于2007年6月）

键盘上的舞者

——记中国建设银行连云港分行科技部

总工程师　程长春

程长春　中国建设银行连云港分行科技部总工程师

籍　　贯：江苏省连云港市

院系专业：计算机系(现信息工程学院)计算机专业1988届

座 右 铭：诚实做人，认真做事

对自己影响最大的人：周恩来

一

恬静的微笑、安静的话语、儒雅的举止……你很难想象，坐在记者眼前的这个中等个头的普普通通的中年男子，就是中国建设银行连云港分行科技部的总工程师程长春。就是他，领导着 13 人的技术团队，维护着建设银行连云港分行遍及全市各大网点的计算机系统。这个操作平台，就像一个神秘而庞大的神经系统，而保证它每一个神经元保持正常感觉的，就是程长春和他的团队。程长春，我校计算机系（现信息工程学院）建系招生后的第一届毕业生中的优秀代表——1988 年，他从这里走向了社会，一步步走向成功。

二

和程总的交谈，笔者觉得了从未有过的吃力，因为他的话语很少。他没有当官的神采飞扬，也没有学者的旁征博引，更没有商人的吹嘘夸张，他总是很安静，仔细地倾听别人的问话，自己说得却很少。不过，记者渐渐地发现，作为一名高级技术人员，他的话虽不多，却也常常是程序一样的精准、到位。

说起职大的学生生活，程总印象最深的就是当年在何慧智老师的带领下做的人工智能方面的训练。程总的眼睛微闭、话语轻轻，好像回到了自己“激情燃烧的年代”：“那时候学校的规模很小，我们计算机系就一个专业一个班，条件也差，一个机房，20 台电脑。电脑的功能和现在的没法比，是最早的苹果机 APPLEⅡ。”而后，程总的话音一转：“不过，那时候的师生关系很好，老师也年轻，我们就经常到何慧智老师家打牌、蹭饭。我关于电脑方面的兴趣，就是在他的引导下越来越浓，以至最后成了我一生的职业、热爱的事业！”

说起学生时期开发的系统，程总扳起指头一一道来：“我们用苹果机开发过学校的自动排课表系统、工资发放系统、自动打分程序。也许是那时候外面的诱惑少吧，我课余的大多数时间都用在了计算机兴趣方面。当时，只是觉得好玩，自己忙了半天，就等电脑上跳出自己想要的结果，而一旦屏幕上出现那个结果，那种快乐是别人无法感受的！现在回过头想想，计算机知识 18 个月更新一次，可近 20 年了，我还保持着对计算机的浓厚兴趣，不断更新着知识，这种在大学里培养的浓厚兴趣和学习习惯使我受用一生啊！”

三

的确，兴趣是最好的老师！大学交给学生的知识可能会老化，但大学培养学生的学习兴趣和学习习惯会终生伴着学生。这种兴趣和习惯，为程长春的人生一步步走向成功打下了坚实的基础。

1988年，毕业后的程长春先是被分配到市农机公司工作，仅仅两年，他就一炮打响——他开发的汽车销售系统软件获得了连云港市科技进步二等奖，而此奖是本市评的最高奖项！

1993年建行招聘，他又以一个专科生的身份，在和许多名牌大学生的同场竞技中胜出。不仅如此，建行领导慧眼识珠，在研究他的简历时，发现他在学校时和工作后在计算机领域开发过许多软件，就打破专科生只能在前台服务做操作员的惯例，破例把他安排到技术部从事技术开发工作。

领导重视程长春，是因为他计算机方面的才华。是金子就要发光，是蓓蕾就要绽放。程长春进入建行后的第一次挑战马上就来了——5月5日他到建行上班，5月18日行里开通信用卡业务，领导决定由程长春负责该系统的开发推广和人员培训任务，只有短短的13天时间。可他刚进建行，对建行业务所用的系统软件、应用程序、编程语言及数据库等都很陌生。挑战是明摆的——时间紧，任务重，责任大，知识缺。但挑战也是机会！

他日夜泡在单位，在最短的时间里，全面熟悉了计算机应用系统的体系结构及有关业务工作的整个流程和记账方法，为把自己的计算机特长和金融服务结合起来，他还恶补了有关知识，把借来的《XENIX系统知识》等大量业务书籍统统“啃”了一遍。在到单位报到的第二天就奔赴苏州复制软件，回来后立即进行系统的安装调试。夜以继日地奋战13天，信用卡系统成功运行！而他的体重下降了4斤。

四

初战告捷，程长春挑战成功，因此也获得了更多的任务、更多的信任。在以后的日子里，他多次被领导委以重任——

1993年年底，按照总行要求，要把以前的会计核算由收付记账法改为借贷记账法。程长春率领的攻关小组进行全封闭奋战，连续30个昼夜，他们在微机室连续工作，外面下着大雪，室内无任何取暖设备，除了吃饭，程长春没有离开过大楼，顺利完成了任务。

1998年4月，行里提出"决战两个月，6月份全面开通综合网络"的任务，作为技术负责人的程长春，制定了周密的实施计划，成功地使45个储蓄所和30个会计柜台的联网获得了成功。两个月的时间里，程长春连续工作，没有回家。

1999年，他又投入了计算机"千年虫"问题的攻坚战，成功地通过了实际环境测试。程长春以严谨的科学态度和实事求是的工作作风，认真负责地对待测试工作的每一个步骤，提早做好自己开发软件的修改，进行实验室环境的测试以及计算机软件的升级，着手测试网点的通讯线路切换，并进行测试方案的设计和编写。

……

五

兴趣和勤奋使程长春不仅获得了事业上的成功，鲜花、荣誉、地位等也接踵而来——

1991年全国青少年微机应用大赛荣誉奖。1993年，连云港市第二届金融系统业务比赛，计算机项目第一名。1996年，市微电脑应用协会、市计算机协会、市计经委优秀会员；市计算机应用先进个人；市科技开发先进个人。1998年，美国SCOUNIX公司授予的UNIX中国认证工程师资格。1999年，江苏省建行系统改革和发展建功立业有突出贡献人员。2000年，市建行科技总部副总工程师和副经理。

现在，他从容地领导着他的技术团队。当笔者问他："作为唯一的专科生，却领导着一个十几位名牌大学生组成的高技术、高智商、高学历的'三高'豪华团队，你有什么方法让他们服从你呢？"程总的回答简单得无以复加："技术最难，但也最简单，没有任何水分；从事技术的人也认技术，比较单纯。当你坐在电脑前，用一个小时解决了别人一天也解决不了的问题时，别人服不服你，就不再是问题了！"

六

是的，兴趣加勤奋等于成功。大学时培养出来的对计算机的浓厚兴趣成了他成功人生的最根本因素。当他因为兴趣而勤奋工作和学习时，他的勤奋只不过是兴趣的外在表现而已。采访中，程总在几个小细节上的表现更让笔者感到他理性、低调、简单、直接的计算机思维方法——

采访开始时，记者问他是否可以抽烟，他十分坚决地说："对不起，这里是机房，不可以！"但实际上，我们的谈话并不在机房，只是在机房边供值班的技术人员起居的休息室里。大概按照他的计算机思维方式，这里既为机房服务，也应属于机房这个大"U"盘的一部分吧。

采访结束时，当笔者按惯例让他以学长的身份给现在的学弟学妹们一些告诫时，他的回答同样是像计算机一样的简单而准确："比起在大学学到的知识本身，学到的良好学习方法和习惯其实更重要。比如我的计算机式思维方式就是在大学学的！IT 行业已经改变了很多人的工作方式和生活方式！"

采访结束后，已是晚上 9 点，我们请他吃晚饭，让他介绍地方。他推辞不掉，于是就近把我们带到楼下的一个路边的小吃部。按常人的理解：以他的身份和收入水平，不可能到这样的地方待客。而按照他的计算机思维方式，大概只能这样解释：吃饭，当然就是到距离"饭"最近的地方就可以了。

七

结束访谈，程总把食指伸入电脑识别系统，我们从高大的玻璃通道里经过，两边是一排排摆放着电脑的工作间，这些电脑就像一个个肃立的士兵，在等待着程总的命令。短短几个小时的接触，我仿佛看到了一个键盘上的舞者。程长春用十指，在无声键盘上做着永无休止的舞蹈——孤独、安静、深邃、简单、直接、快乐……这一切，诠释了一个都市里的顶尖计算机高手神秘而又丰富的另类人生。

（郑硕　采访于 2007 年 6 月）

追求生命的宽度

——记中国注册税务师、连云港国瑞税务师事务所审计部主任　刘　艺

刘　艺　中国注册税务师、连云港国瑞税务师事务所审计部主任

籍　　贯：江苏省连云港市

院系专业：经贸系(现商学院)财会专业1998届

座 右 铭：路漫漫其修远兮，吾将上下而求索

最喜欢的书：《老人与海》

一

高挑的身材、儒雅的气质、娴静的神态、谦和的言谈……举手投足之间，透露出一种成功、成熟女人的从容淡定。上午9点，当刘艺应约如期出现在皇驾咖啡与记者交流时，留给记者的是这样的第一印象。作为中国注册税务师、连云港国瑞税务师事务所审计部主任，刘艺的时间是很宝贵的。因为记者不认识她，就请她大学时的老师、商学院的钱英书记出面邀请，让刘艺定下采访的时间和地点。她选择了这里。她微笑着解释说白天聊聊，咖啡馆里人少，更安静。之所以选这里，是因为她曾经携老公和孩子来过这里，印象深刻。

二

不同于许许多多的采访，我们的交流却是先从谈论家庭开始的。“对于女人，家庭比事业还要重要!”刘艺如是说。她介绍到，她的爱人原先是淮海工学院的外语老师，但他对法律很有兴趣，考取了中国社会科学院的刑法学博士。作为一个中国人，现在任教于日本早稻田大学。“预计明年我们有机会到日本过一段时间!”刘艺微微仰起头，目光闪亮，一脸的幸福和向往。“上学时我的第一任班主任钟得胜老师和我们讲‘残缺美’，现在我这样的生活大概是有点残缺，但我想追求完美！人追求长寿，那是生命的长度，但我觉得人还要追求生命的质量，那是生命的宽度!”

说到家庭，自然要说到孩子。“他出去了，把家托付给我了，责任重大。现在，孩子19个月了！太小，为了这个小家伙，近两年来不得不在事业上稍稍放缓了脚步！父母都在的时候，教育孩子时，可以一个唱白脸，一个唱红脸。但现在条件不允许，作为母亲要给他爱，又怕溺爱，真是比考试还难。有时工作性质决定我要早出晚归，那也就只好‘人在外，心在家’了!”刘艺有点自嘲地说。

“但家庭的和美，需要事业提供基础。没有积极成功的事业，家庭的和美常常很难持久；当然没有和美的家庭，成功的事业也就失去了方向。”刘艺把她的话语转向了学习和工作。

三

说到母校，记者向刘艺介绍了我校新校区建设的情况，并且向她赠送了最近几期的院报。刘艺回忆起当年进校时的情景：教学楼后面都是芦苇荡，她们还去清扫过，毕业时学校在那里修起了花园。“条件的确不咋样，比我中学时的新海中学还不如，我们中学操场还是塑胶跑道呢！”

“不过，虽然条件不怎样，可是我的功课可是没得说！”刘艺也没客气：“我是年年奖学金，年年三好生！”随后她话题一转：“不过我的缺点也很明显，因为我是走读生，又好静，所以我除了担任班级的学习委员外，没担任什么学生干部！工作以后在交际、管理这方面就觉得有欠缺，以后慢慢才有所改进！”

提到老师，刘艺讲到了自己的班主任钟得胜老师；说到了教《成本会计》的李天芳老师，“她当时怀孕了，下雪天，挺着个大肚子来上课，印象很深！”“钱英书记以前一直是做学生工作，我们的联系一直不少！她编写书籍时，我还给她做过助手呢！”“大学，我从老师们那里学的东西真是一生受用！”刘艺目光悠远，由衷地感叹。

四

1998年，毕业后的刘艺开始很顺利，被分配到连云港市国家税务局。2000年，企业改制，单位从国家税务局分离出来。刘艺面临着人生的一次考验！“不过，我心理上失衡的时间很短。因为，有在大学里打下的扎实基础，我对自己的实力充满信心！”刘艺的自信让记者很吃惊：“如果想在新的企业里生存得很好，必须拿下中国注册税务师资格！因为只有如此，才能成为企业的发起人。否则只是一般的打工者而已！”见记者一头雾水的样子，刘艺解释道：“这和一般人了解的律师事务所、会计师事务所、评估事务所是一样的，只不过税务师事务所是新生的事物，更少，更不被人所知而已！”

但说起来容易做起来难！要在3年内拿下五门功课并不是容易的！“我记得考《税收相关法律》就因为没重视，差了两分，没过！第二年重新考的。我先生在外面玩命地读书上学，我在家也是每天看书到深夜，每天除了看看《新闻联播》，就是看书，不敢、也放不下书！终于顺利拿下了注册税务师的资格！现在想想，接受挑战并不是坏事，有压力才有动力啊！”刘艺轻轻把玩着手中的咖啡杯，目光深邃，像是穿过时光隧道回到了几年前深夜读书的情境！

说到目前的工作，刘艺讲到了许多税务方面的专业知识，这对学中文的记者来说还是有些深奥，不过还是增加了一些经济方面的知识：将来有所涉及税务方面的事物和税务师都有关系；税务师是一个很好的职业，税务师事务所是一个发展前景很好的行业！会计法规基本和国际接轨，而税收法规有更多的国家特色；企业，特别是外资企业为了合理避税、规避风险，对税务师有很大的需求。但同时，国家放开这方面的限制，外国的事务所也会走进中国市场，会有越来越多的人从事这个行业，竞争也将越来越厉害！

展望自己事业的未来，刘艺很自信："我们在这个行业里起步早，规模大！我们会把牌子做强！我们有能力去适应新的变化！机遇和挑战并存啊！压力大动力也大啊！"说到具体的个人目标："新知识更新快，必须不断学习、充电，我准备再拿下注册会计师。虽然，考不考影响不大，但考试本身能完善自己的知识结构，同时接受挑战也是一件很有趣的事情啊！"

五

最后，记者让刘艺给学弟学妹们留下一些忠告，她由衷地说："说实在的，在校时，作为一个大专生，我们职大的学生自卑的不算少；可作为一个大专生，我们职大的学生成功的事例更不算少！我认为这些人能够成功的原因之一，大概因为我们是大专生，既能放下姿态，踏踏实实工作，不像有些名校的一些毕业生眼高手低；也因为是大专生，没老本可吃，有压力，只能不断地努力进步证明自己的实力！克服心理上的自卑，不要管别人怎么看，只要做得好，你就能成为社会上有用的人！"

和刘艺握手道别。记者打开电脑："写什么？我们聊的好像并没有什么惊天动地的事情啊！"一个问题萦绕在我的脑海。可是，我忽然想到："刘艺，在她踏踏实实的人生追求中，已经拥有充实的学业、和美的家庭、成功的事业。就像她说的那样，她在追求着一种有宽度的人生历程。作为一个追求者，她已经是拥有者！作为一篇人物通讯，老老实实地向读者展示这一切，难道还不够吗？"

当一切都豁然开朗，记者静下心来，在键盘上轻轻地敲下了第一个键……

（郑硕 采访于2007年9月）

水晶心

——记江苏太平洋石英制品有限公司国际销售部、国际市场部经理　陈　东

陈　东　江苏太平洋石英制品有限公司国际销售部、国际市场部经理

籍　　贯：江苏省连云港市

院系专业：外语系(现外国语学院)外贸英语专业1999届

座 右 铭：Attitude is everything(态度决定一切)

爱　　好：运动、看书、音乐、旅游

理想的人生：不留遗憾，活得精彩

一位西装革履、皮鞋锃亮、风度翩翩的30岁左右的帅哥，操着一口流利的英语，在国外是经常乘飞机在世界各大洲的国际展览会上出没，在国内则在连云港的生产基地、国际销售部和上海的国际市场部之间反复奔波，他自己和他领导的团队，一年的销售额达到了一个亿。这样的白领精英，他会是谁呢?

他就是我校外语系99届外贸英语专业的毕业生，世界上最大的照明石英公司江苏太平洋石英制品有限公司国际销售部经理陈东。

“我是一个很简单的人!”介绍自己的情况时，陈东淡然地说道。谈到他今天的成功，陈东略加思索:“一方面不怕吃苦耐劳，不轻言放弃，另一方面，我希望对自己要求高一些，希望自己的人生完美一些。”

说到他既简单又完美的人生追求，母校连云港职大的三年校园生活的影响自然不能忘怀。在他的记忆中，他的大学生涯，教室三年就换了3个地方。先在二号楼(现继教院楼)，又到一号主楼，再到五号楼(现信息学院楼)，条件比较艰苦。但老师在“传道授业解惑”方面给自己留下了很深的印象，比如教泛读的江艺老师、班主任沈萍老师、孙全才老师等。说起大学时的亮点，陈东说:“我是走读生，本来和同学们接触不多，但大二下学期的时候，同学们选我当了班长，我是第三任班长。当时自己觉得大学时大家都忙自己的事情，班级的凝聚力不太足! 就搞了一些活动，来增强大家的团队精神。”

陈东说起了他印象很深的一件事。那时，他们搞了一个用班费买生日礼物的活动。有一次，天降大雪，班级也没课，他本来可以不到学校去。但恰巧那天有一个同学过生日。他的心里斗争半天，最终还是决定冒着大雪，骑车赶到学校亲手把凝聚了自己体温和全班同学祝福的生日礼物交到了“寿星”的手上。那位同学没想到在这皑皑大雪天，班长仅仅为了自己的一个生日小礼物，就赶到学校，感动得一时说不出话来。陈东说起这件事，感叹地总结道:“如果那天自己不去，自己一定一夜也睡不好! 我不怕吃苦，同时我想做得完美一点，尽量不留下遗憾!”

陈东把这种看起来很简单的态度用到了学习上。毕业之前，他以全校第二的高分通过了英语四级考试。而在当时，四十多人的班级，能通过四级的人数也就十几个。他把这种看起来很简单的态度用到了业余生活中，他像一块海绵，多方面地吸取各种知识，做一个杂家，而这些知识的积累，对他未来的产品销售工作起到了很大的作用。

作为一名成绩优秀的毕业生，陈东先是进了连云港市一家比较有名的外资企业宇研鞋业，厚积薄发，短短一年时间，业务能力进入了公司前列。

当他进入太平洋石英制品有限公司时，他的工作经验、知识积累更使他迅速成长为公司的骨干。从普通的销售员做起，到今天成长为领导着国际销售部和国际市场部两大部门的企业中坚。目前，手下领导着近十名精兵强将组成的销售团队，一年的销售额突破了一个亿。当记者问起他的销售业绩时，陈东扳起指头一一道来：2001 年 560 万；2002 年 1073 万；2003 年 2347 万；2004 年 3740 万；2005 年 5700万；2006 年 8248 万；2007 年将突破 1 个亿。这些简单的看起来枯燥的数字其实很真实地记录了陈东的一步步迈上成功的人生轨迹。

陈东（在比利时，2005 年）

但陈东没有被成功冲昏头脑。当记者询问他的成功秘诀时，他却把成功的最大因素归结为自己公司的发展。“皮之不存，毛将焉附？我们公司在陈士斌董事长的带领下，这些年得到了飞速的发展。”

陈东给记者分析了世界石英行业的形势，真的有点“纵论天下”的味道：这些年世界上几家大的跨国公司是该行业的巨头，主要是美国的 GE，日本东芝和荷兰飞利浦。但来自“中国水晶之乡”东海的江苏太平洋石英制品有限公司这几年迅速发展，目前已经成为冲击它们的最大力量，特别是在照明石英方面，已经取代它们，成了世界老大。到今天,已经逼得东芝公司淡出;飞利浦公司也停产了大多数产品,改自己生产转为向太平洋公司采购,只剩下拳头产品UHP灯管和低熔点滤紫外管,目前公司在这两个产品的研发上也取得了突破性的进展;公司目前集中全力研究的高纯度石英砂如果成功,独家掌握该技术的美国GE公司也将不得不低下高傲的头颅。此项目得到了公司的大力支持,省里投了1500万。目前,总投入5000万的物理工程已经完成,只要再投入几千万,化学工程也将完成。"到时候,我们的销售额一定会有更大的增长!三到五年翻一番没有问题。"陈东信心十足地说。

但陈东并没有否认个人的努力,"一方面任何事情做得出类拔萃都要有天分、潜质,但更重要的是不怕吃苦耐劳,不轻言放弃,另一方面,我希望对自己要求高一些,希望自己的人生完美一些。"陈东像在自我总结,也像在给自己的学弟学妹们告诫。

当记者和陈东聊起他的家庭生活时。他有点羞涩地告诉记者他还没成家,目前在新浦的时候和父母住在一起。陈东告诉记者,一方面他很忙,天天"国内国外,东海上海"地跑,静不下心来考虑这个问题。另一方面,这是大事,希望自己的人生完美一些,不想留下遗憾!所以在此问题上比较慎重。

是啊!和陈东短暂的接触,我就觉得他就像一块水晶,既单纯透明,又冷静理性。当他驾驶着自己心爱的红色跑车在高速路上飞驰的时候,在他的面前展现出一条坦坦荡荡的光明大道!而这条大道,是他自己靠奋斗打拼出来的。他的人生,也就显得简单而精彩!

(郑硕 采访于2007年11月)

送人玫瑰　手有余香

——记连云港市残疾人康复中心科员　苗镇江

苗镇江　连云港市残疾人康复中心科员

籍　　贯：江苏省连云港市

院系专业：外语系（现外国语学院）外贸英语专业1999届

座 右 铭：高调做事，低调做人。踏踏实实做事，清清白白做人。

爱　　好：旅游、摄影、钓鱼

对自己影响最大的人：父亲

最喜欢的书籍：《关键在于落实》

提前来到约好的地点，透过玻璃杯中不断旋转的绿茶，记者稍稍清理了下思路，今天的采访对象记者并不陌生，99届外贸英语专业毕业生、外语系分会主席，如今的市残疾人康复中心科员苗镇江。多年未见，记忆中那个家庭贫困、品学兼优的好学生经过社会的洗礼会有怎样的变化和成长呢？记者怀着一颗好奇的心等待着。

面前的苗镇江发福了些，但憨憨的笑容、淳朴的神情与作者记忆中的那个瘦弱少年如出一辙，看来毕业多年在他身上不曾改变的是做人的淳朴和善良。

“如果时光可以倒流，让我回到从前，我真想一辈子在大学里读书度过。”谈及大学生活，他流露出更多的是怀念之情。大学校园那浓郁的学习气氛、单纯的生活氛围给少年时代的苗镇江留下了难以磨灭的美好印象。“韩老师，还记得吗？那时候我的家庭经济状况不好，学校给了我切切实实的帮助。”记者笑了，那时团委每年都从大学生活动中心的收入中提取一部分资金资助一些品学兼优的学生，他的特困申请补助正是记者当年经办的。“当年我做学生干部，确实耽误了自己很多的学习时间，我也是一直到大三第一学期才通过大学英语四级。可是我一直记着当年的团委书记孙继才老师对我们说过的话，‘做学生干部得到的锻炼是在潜移默化之中的，也许一时半会感受不是很深，可当在今后具体工作中，你比别的同学都能快一步融入社会进入状态时，你就能发现那时的学生干部经历确实是让人得到锻炼的’，我没有后悔过在学校时花了大量的时间用于组织同学活动、为同学服务，这些经历对于我以后参加工作非常有益。我觉得在大学时代有机会要多参加学校和学生团体组织的活动，这样不仅对自己的成长有帮助，而且对以后步入社会也是非常有必要的。”回忆起以前的班主任老师，他笑着说：“前些时候看到沈萍老师带着女儿，当年我们入校时，她还没有结婚呢，现在她女儿都那么大了，时间过得真快啊！”

1999年7月，苗镇江毕业了。面临就业，他深知，作为一个农家子弟，他的未来之路都在自己脚下。12月，他参加了市残联的招考，在50多名考生中脱颖而出，经过笔试、面试、体检、政审，最终进入市残联的残疾人就业管理中心，从事全市残疾人就业管理及残疾人就业保障金征收管理工作。

谈到工作，他开始严肃起来。“由于受传统的旧观念影响，目前社会上歧视残疾人的现象依然存在，侵害残疾人合法权益的案件日益增加，这是我们工作最大的困难之一。”他说，自从有人类，就有残疾。残疾是人类社会发展进程中不可避免要付出的社会代价。具体到我市来讲，我市现有各类残疾人约 28 万人，其中 70%生活在农村。就整个社会来讲，残疾人一直属于弱势群体，由于先天或后天残疾，影响了大多数残疾人的受教育权利，没有受到系统的文化教育，也就在一定程度上影响了他们的就业，就连他们最基本的生活都难以保障，有相当一部分残疾人生活在低保线以下。残联作为群团组织，代表残联人共同利益、维护残联人合法权益，开展各项业务和活动，直接为残疾人服务、承担政府委托的部分行政职能，发展和管理残疾人事业等，是连接政府和残疾人的桥梁和纽带。在就业管理中心工作的 8 年间，苗镇江尽心尽力地为残疾人谋利益，与很多残疾人交上了朋友。“我的工作是努力帮助他们改变生活状况，同时我的心灵也得到了净化”，看到记者不解的眼光，苗镇江笑了，“我经常和残疾人打交道，当你看到有那么多人因为这样那样的因素导致身体残疾，你就会感悟到平平安安、健健康康地活着就是最大的幸福。也许我没有显赫的官职，没有丰厚的收入，但我有一颗祥和宁静的心。在我看来，把自己的本职工作做好，脚踏实地地为残疾人多谋福利，就是我人生最大的成功。”他这样说了，也正这样做着。多年来他每年都超额完成市残联目标考核的保障金征缴任务，累计征缴残疾人就业保障金 500 多万元，安排残疾人就业 300 多名，组织残疾人劳务输出 178 名，稳定在岗残疾人就业 1956 名，接受残疾人就业指导咨询 3000 多人次，接待残疾人劳动就业来信来访 1800 多人。这些数字的背后都倾注了苗镇江大量的心血和汗水，因为他深知每位残疾人的生活都牵动着政府和社会的关注，而他们生活质量的提高都会给家庭、社会带来幸福和安宁，为了这份崇高的事业，他付出了很多。多年来，各种先进、荣誉接踵而来，而保持不变的依然是一颗真诚、善良、为人民服务的心。

2007 年 8 月，苗镇江调到了市残联康复中心工作。刚开始接触这个工作时，第一次见残疾人的假肢、假脚，他曾心里发怵过。看到那些可怜的脑瘫患儿时，每月的康复费用高达 3000～4000 元，他们的家庭背负着巨大的心理和经济的压力，这笔巨大的开支迫使许多农村家庭放弃了康复训练。每每看到这些情况，他的心情是沉重的。近年来，国家对残疾人事业的发展越来越重视，给予的倾斜政策越来越多，相继出台了有关残疾人相关法律法规，以立法的形式保护残疾人合法权益。作为健全人的我们更应该尽最大的能力去帮助残疾人更好地平等参与社会、融入社会，共享社会物质和文化发展的成果。目前，全市 0～6 岁以下的各类残疾儿童共1540名,苗镇江正在参与省政府“为民做实事工程”——0～6岁残疾儿童抢救性康复性工程,他和他的同事们正在加班加点整理这些残疾儿童的相关资料。

苗镇江还有个社会职务,他是市级机关义工分会理事会常务理事、助残服务组组长。他和他的义工朋友们经常利用休息日去做义工,在市特教中心做义工时,他看到那些家庭贫困的聋哑学生,想起自己在大学读书时接受过学校的帮助,现在有能力帮助别人了,他又怎能不尽心尽力呢!2003年苗镇江结对帮扶了市特教中心的一名特困聋哑学生,每年资助其500元生活补助费用。今年已经是第四年了,由他资助的孩子已经上高中了。他说如果孩子有能力,他会资助到大学毕业。送人玫瑰,手有余香。帮助别人,自己也获得快乐和满足,这就是苗镇江的简单生活哲学。

凡事预则立、不预则废。“我是一个做事有目标有计划的人。我会给我的生活、工作制定一个个切实可行的目标,然后通过努力去实现它们。”2002年,他拿到中央党校法律本科文凭;2008年山东大学的法律专业学士学位证书也将到手。“我准备参加全国司法考试,取得律师资格后,在今后工作中就可以运用法律武器更好地维护残疾人的合法权益,为残疾人服务了。”谈到未来,他的脸上露出了自信的微笑,记者在心中暗暗祝愿他心想事成,好人一生平安。

华灯初上,在融洽愉悦的气氛中结束采访,记者感受颇多。在竞争激烈的现代社会保持一颗纯真向善的心,追求心境的祥和,这就是他——苗镇江的魅力所在。

(韩燕　采访于2007年11月)

天 行 健

——记连云港意达电脑科技有限公司总经理 王永建

王永建　连云港意达电脑科技有限公司总经理

籍　　贯：江苏省连云港市

院系专业：计算机系(现信息工程学院)工业电气自动化专业1991届

座 右 铭：什么事要么不做，要做就做到最好

爱　　好：打球

一

这是王总第二次坐在记者的对面。记得第一次是两年前，在计算机系主任（现信息工程学院）张家超副教授的邀请下，记者采访过他，在院报上以《学业·就业·创业》为题报道过他的事迹。两年过去了，依旧是淡淡的微笑、轻轻的话语、稳稳的举止……一切都似曾相识。薄薄的镜片下，依然是那双充满智慧的眼睛。坐在记者面前的就是连云港 IT 行业中的顶尖人物——一位 1991 年从我校计算机系走向社会的优秀毕业生，一名成功的创业者，现连云港意达电脑科技有限公司总经理王永建。

二

和两年前一样，我们的话题依然是从母校聊起。提起连云港职业技术学院（原连云港职业大学），王总依然记忆犹新："大学是人一生中很重要的时光，这里能学到一些很有用的东西。"他意味深长地说："我当时是计算机系的学生，学的是工业电器自动化。说真的，当时学习条件的确不怎么样，但有句话说'事在人为'嘛，如果你有求知的欲望，再大的困难你也会克服的。虽然条件是艰苦的，但学校有一批优秀的师资。记得当时的何慧智老师、张家超老师、许留成老师、王思永老师上课很认真，对学生很负责，对我影响是比较大的。我学计算机是因为高中时偶尔看见了计算机，以为它能计算，感觉很神奇，想把它研究透，这种好奇心一直激励着我。而这些老师，就是引导我走进计算机神奇世界的引路人！"

说起对计算机的痴迷，王总讲起了两个他难忘的故事。一个是为了到电脑房去开发程序，他违反学校的纪律，用牙膏皮偷配了机房的钥匙。后来，被发现了，亏得许留成、王思永老师担着，主动说是他们给学生的钥匙，学校才给了他一个小处分，否则，说不定就得卷铺盖回家了。二是祁新荣老师的帮助。祁老师请她在水文站工作的老公帮忙，利用春节放假时间使用他们的电脑。记得当时他一早就帮同学们开门，待同学们全进去后再锁上，晚上再来开门放同学们出来。最长的时间，他们在机房一口气待了 48 个小时。最后的成果是，王永建和另外一名同学利用国内连资料也没有的全英文版操作平台开发了《儿童消化系统疾病智能诊断系统》，两篇论文和老师论文一起被收录成书。

王总笑着说："违反校纪肯定是不对的，不过我那时对电脑的痴迷的确是我成功的重要因素。"对于各位老师的帮助，王总认真地说："我很感激，一辈子都不会忘记！"

王永建在西藏(2007年6月)

对比今天的计算机时代，王总感慨地说："那时候的计算机还是8086或286的，速度很慢，价格还很贵，我们根本就买不起。不像现在学计算机的学弟学妹们几乎每人都有自己的笔记本和台式机。当时我也是硬着头皮，自己不怕苦不怕累地钻研，因为当过课代表，所以做什么事情都想做好，给同学做榜样。觉得大学生活还是很充实，很有收获的。对我以后的工作创业都有着很深远的影响。态度决定一切！任何一次成功都是汗水换来的。毛主席说：'不打没准备的仗'，假如没有过硬的知识，又怎能有意达的今天？"

三

是的，意达的今天是在王总艰苦创业的基础上一步步发展而来的。谈起创业，王总禁不住陷入回忆，"我大学毕业后被分配到了华中铝塑厂做包装电工。工作很苦很累，我想如果是现在的大学生肯定不愿意做这份工作的，但是我想自己刚毕业，积累经验才是最重要的，生活本来就是先苦后甜的，所以我就抱着‘既来之，则安之’的心态，努力地做好手头的工作。后来，因为工作踏实，我先是被提升为电工班班长，后又被提升到设备科科长，再被提拔为副总。在设备科做科长的时候，就钻研业务，改进日本人提供的微电子设备，帮助公司一年节约了数万元的资金。事业有了一点点进步，但是后来因为种种原因，我原来的单位还是被兼并了，我也离开了。”

所谓“塞翁失马，焉知非福”，对于王总来说，新的人生才刚刚开始。因为对计算机有浓厚的兴趣，再加上多年来积累的经验，1998 年他创办了一个小公司——意达电脑，投资 50 万元。“当时下海的人很多，关键在于你能不能抓住机遇，”王总说，“创办公司的第一天起我就给自己定下了很高的目标，用 3 年的时间做到连云港 IT 行业的前 3 名。当然，要实现宏大的目标还要靠踏踏实实又创新的工作才能做到!”

有机遇更要有才干。凭着自己的努力，仅 3 个月，意达电脑的业务量在连云港已经是数一数二的了，实现了原来的预计三年需要完成的目标。王总提起当年的创业，有点自豪地说：“我们改变了这座城市卖电脑的模式!”王总进一步解释道：首先，我们把每台电脑的利润由七八百元降到上限为三百元，进一步让利给消费者。其次，我们给所有的消费者提供免费的售后服务。第三，我们一年花几万租下了客车的行李箱，在配货方面做文章，顾客随时可以提到现货，改变了以前顾客买电脑需要预定的销售方式。当然，诚信是第一位的，我们只做品牌，永不做“水货、假货、杂货”。

公司规模不断扩大，意达的业务量也在不断加大。仅以卖惠普这个品牌为例，公司在市中心就分设 4 个专卖点。目前，该品牌一年的网络销售额就突破了 4000 万，成为惠普公司钻石级的分销商，意达建立有惠普体验中心和完善的销售网络。意达公司还把触角延伸到其他行业，目前拥有大钟传媒广告的控股权，参股万新国际货运代理二部。在灌南、灌云、赣榆等连云港市的一些县区也设有分公司。随着公司的发展，在兄弟城市也有了意达电脑的招牌，如今被广大用户所接受。王总认为，客户就是上帝，没有他们的支持就没有意达电脑的今天。王总微微一笑总结道：“所以我一直把客户的利益放在第一位。”

王总不单是把客户的利益放在第一位，他对自己的员工、生意上的伙伴也是这样想的。“我现在要做的，就是让他们多赚钱。他们赚了，我也就自然赚了，并且赚得更多、更轻松！”把更多的利益给客户、给员工、给伙伴，这是王总所理解的独到的生意经。

四

毕业后的王永建对学校一直怀有深厚的感情，关注着学校的发展，和母校保持着密切的联系。曾经应信息工程学院（原计算机系）的邀请，为学弟学妹们开设过讲座，介绍自己的人生经验和创业历程，多次赞助协办过我校的学生文体活动。王总真诚地说：“自己的母校，那感情还是不一样的！能为学弟学妹们做一点事情，自己感到很快乐！”他看到大学生们把他赞助的折叠自行车搬到舞台上，“那其实就是一辆普通的自行车，但经过他们简单的装饰就很漂亮、很神奇，仿佛那是一辆宝马。年轻人是很有想象力的！看到他们的快乐，我也很快乐！”

看到王总对现在的大学生很了解也很欣赏，记者请王总对学弟学妹们提点要求。王总笑了笑说：“要想适应这多元化的社会，就得好好地把握大学时光，多学习、多钻研。大专生虽然在校时间很短，但只要认真踏实地去干，总会有回报的。做什么事情，要么不做，要做就要做得最好。面对就业，王总打了个很有深意的比方：现在的年轻人不懂得脚踏实地地干事，就像狗熊掰玉米棒子，看到一个薪水较高的公司就赶快跳槽，一年内能跳好几次，到最后什么经验也没学到，自己一无所获。殊不知，若当初他安安稳稳地呆在一家公司，把自己的精力都投入上去，一定会有所回报的。时间长了，你由新手变为老手，由普通员工变为骨干，目标不就越来越近了吗？年轻人要把目标放远点。年轻就是力量，就是希望。趁年轻多去发达城市转转，学习别人的经验，最重要的是自己要有目标，这样才能提高自己，发展自己，最后迈向成功。”

五

今天的王总，工作已经成为他享受生活的一部分，他有时甚至带着笔记本电脑在咖啡厅办公。打球、旅游、听上小学的女儿弹钢琴都成了他生活的一部分。有一年在杭州开会，会议结束，许多老板都匆匆赶回去打理自己的生意。而王总却远行到了西藏，到了雅鲁藏布大峡谷。“青山、绿树、雪峰、草原、急流、鲜花、空气、阳光，这一切的一切，让我觉得生活多么丰富，多么美好!”王总由衷地赞叹。

是啊，自然的运动刚强劲健，大地的气势厚实和顺。“天行健，君子以自强不息，地势坤，君子以厚德载物。”虽然握别了王总，但他的那种亲和力还是深深地感染了记者，留在我们眼前的仿佛就是一位既儒雅智慧又激情满怀的君子。这句《周易》中的名言用在连云港意达电脑公司总经理王永建的身上是再合适不过的了。

（郑硕、沈丹、吴光静　采访于 2007 年 12 月）

在路上

——记苏州市百安信广告策划有限公司、江苏益海威龙科技发展有限公司 总经理 张 龚

张　龚　苏州市百安信广告策划有限公司、江苏益海威龙科技发展有限公司总经理

籍　　贯：江苏省张家港市

院系专业：工美艺术系(现艺术与旅游学院)装潢设计专业2000届

座 右 铭：认真做好每件事

爱　　好：旅游、网球

最喜欢的书：《现代交际学》

2007年12月11号，北院报告厅内炫目的灯光下，一位身着米色西服的儒雅男士侃侃而谈，成为全场瞩目的焦点。艺术与旅游系《周末论坛》百年庆典《艺旅阳光》现场，特意从苏州赶来的张龚和他的学弟学妹们分享着宝贵的人生经验。张龚，97装潢设计班学生，在校时担任工艺美术（现艺术与旅游系）团总支副书记，现任苏州市百安信广告策划有限公司总经理、江苏益海威海科技发展有限公司总经理。时光荏苒，记者记忆中那个羞涩、腼腆的大男生经过岁月的淬炼已经成长为一位温文尔雅的现代儒商。抓住这个难得的机会，记者专访了张龚，想究其成功创业背后的秘密。“在母校学习的三年，是我一生中最重要的经历之一。我忘不了以前那单纯的学习生活，和蔼的老师，浓郁的学习氛围”，微笑的眼睛里藏着深深的回味之情，“那时班主任赵彬老师在专业上给了我很多帮助，团总支书记倪杏峰老师在学生管理创新工作上给了我很多的支持，扎实的专业知识为我今后的创业打下了坚实的基础，学生干部经历为我很快融入社会铺平了道路。现在回想起来，我是幸运的。毕业多年后，陈建国书记邀请我们回母校参加活动，真的非常高兴。看到熟悉的老师，仿佛又回到了学生时代。无论多久，师生情是我一辈子的财富”。看得出来，眼前这位风度翩翩的男子是重情重义的。

2000年夏天，张龚毕业了。他本来可以进入张家港市外经委工作，却因为不想放弃自己所学的专业，于是放弃国家机关舒适的工作，转而进入了张家港市最大的广告公司从事广告设计。工作头一年，辛苦自不必言，但他像海绵一样不断学习业务知识，提高自己的业务技能。一年后，他迅速成长为业务骨干，完全可以独当一面了，公司决定让他全力承担起公司的广告业务，参与设计、预算、制作以及资金的应收等广告这一块业务的全面管理。又经过一年的艰苦磨炼，感觉到时机已经成熟的张龚果断地辞职了，决定自己创业。他自己的第一家公司苏州市百安信广告策划有限公司于2002年成立了。

创业之初的路是艰难的。离开张家港那熟悉的环境和已经建立的良好的人脉关系，张龚明白一切都要重新开始了。性格温和的他没有急于求成，一直坚守着自己做事的原则——做事必先做人。无论承接广告业务的大小，张龚都竭尽全力做到最好，以客户的满意度为最大追求目标。逐渐地，公司局面慢慢打开，公司的业务量越来越大。张龚清楚地记得公司成立一年后，成为江苏移动苏州分公司广告合作伙伴；又过了一年，中国银行苏州分行成为公司的广告合作伙伴；又过了一年，中国人寿苏州分公司成为公司的合作伙伴……越来越多的企业、单位开始了与他们的合作,公司逐渐走上了快速发展的轨道。

广告公司的盈利收入并没有让张龚停下前进的步伐,他在不断地寻找着新的增长点、新的发展机遇。在与移动公司的长期友好合作中,张龚敏锐地捕捉到一个绝佳的发展机遇。他发现,在当今社会中,随着科技的发展,人们对于信息的需求量越来越大,而信息产业是一个尚未开发的市场,会逐渐成为新的经济增长点。2006年12月,经过深思熟虑,张龚果断地注册成立了江苏益海威龙科技发展有限公司,把触角伸到了通信、电信、网络设备行业,成功地完成了一次跨行业投资。谈到新的公司,他变得很严肃。“这一步我是迈在了别人的前头了,但我不满足。现在我对自己的要求是每年都要有新的突破,要不断发现新的创业点、增长点,要保持一颗不断创新的心,这样我未来的路才会走得更远。这个科技发展公司仍在摸索阶段,但是我非常看好它的前景,这个行业的潜力是很大的,还是大有作为的。”

沉思了一会儿,他微笑着说:“我的创业路也并不是一帆风顺的,充满了艰辛和曲折,其中的辛苦也只有自己能够体会到,艰辛的创业过程是短暂的,但成功之后留给自己的甜蜜感却是永恒的,所以一直以来我都把辛苦当作是一种享受来看待,即使条件再艰苦,困难再多,只要认准目标,我就不会放弃。”记者暗暗心折,能把艰苦当做享受的人,成功必定指日可待。

当记者笑着问张龚所谓成功的秘诀时,他似乎有点羞涩,“我并没有觉得我已经是成功的人士了。在我看来,事业才刚刚起步。我的公司规模不大,和很多大企业相比更是微不足道,但我从来没有把利润作为追求的唯一目标。成功的秘诀也谈不上,一直以来我只做到了一点——那就是专心致志地做好每一件事,即使再微不足道的小事情,如果能把它当做大事来对待,努力追求完美境界,也许最终的成功就离你不远了。无论是在广告业,还是在信息业,我都坚持如此。”记者心里有些感慨:这句话说得容易,但真正做到却是很难的。现在很多大学生眼高手低,小事不愿做,大事做不了,很难在竞争激烈的社会中立足,更别提有很好的发展前途了,每个人都应该经常反思自己的职业态度。

当记者希望张龚能从企业经营者的角度来谈谈现在的大学生应具备哪种素质时,他沉思了一下,爽快地给出了他的答案:“我希望他们能够具备良好的纪律意识,能够服从公司的管理;我还希望他们能够具有先进的市场开拓意识和不断学习的精神；再有就是他们要具备良好的人际沟通能力，良好的人脉关系也是成功的必要因素哦。”交流中他也提到如今大学生就业压力很大，我校毕业生在职场上学历不占优势，只有拥有扎实的专业基础知识，才能赢得适应社会的第一步，此外还要多参加院系的活动，增加自己的社会适应能力及组织能力。每位毕业生要根据自己的性格特点，给自己在社会上寻找一个准确的定位，也许自己创业会成为一条非常好的就业之路。

“我的成功不在当下，而在今后。”自信的神色浮现在张龚的脸上。在他眼中，自己创业是一条充满乐趣和挑战之路。拥有一颗不断求新求变的心，坚守做事必先做人的处事原则，以做好每件事为宗旨，不以追求利润为唯一目标，这也许就是张龚商海中稳步前行的原因吧。

雨后微凉，记者却很兴奋。每次采访，不仅记录着我校优秀毕业生的人生奋斗历程，对记者而言，也是思想上的一次激荡，每个人的人生道路都是不可复制的，但是有益的经验却能帮助我们走稳未来之路。

（韩燕　采访于 2008 年 1 月）

服从自己的渴望

——记加籍华人　马　琰

马　琰

籍　　贯：江苏省连云港市

院系专业：机械系（现机电工程学院）工业外贸专业 1996 届

座 右 铭：用最简单的方法解决问题

爱　　好：计算机、音乐、羽毛球

最敬佩的人：妈妈

认识马琰是一个极偶然的机会。听朋友介绍，隐约知道他在一家世界500强的企业里担任部门经理，已入籍加拿大。当他真正出现在记者面前，很难想象眼前这个举止斯文、笑容满面的年轻人曾经在微软、惠普、CSC等世界著名企业中任职过，他在CSC中担任部门经理时，每年部门处理的合同金额高达50亿加元。在他慢条斯理的叙述声中，他那丰富的学习工作经历深深吸引了记者，给记者留下深刻的印象。

一

1993年9月，马琰进入连云港职业大学（我校前身）工业外贸班学习。相对于在高中时期的风云人物，进入大学的马琰在各方面都显得比较低调。高考的意外失利给马琰带来了沉重的打击，他消沉了很长一段时间。“当时我们的班主任是尚庆保老师，许强是专业课老师，记得那时许老师也是刚毕业，比我们大几岁，经常和我们在一起玩”，多年以后回忆起大学生活，马琰笑得很开心，“最近我们班级同学聚会见到他，都叫他强哥呢”。“我可是我们连职大连续两届足球最佳射手的得主哦”，提及以前的丰功伟绩，他挺骄傲呢。

“我的专业是工业外贸，可我真正感兴趣的是计算机”，看到记者惊讶的目光，马琰微笑了，“其实我对计算机的兴趣是由一件很小的事情激发出来的”，他解释说，“大一的寒假，我高中的同学纷纷放假回家，当他们十指如飞地在我母亲单位的那台286电脑上展示自己的所学时，我妈妈的同事用欣羡的目光看着他们，并误以为是我时，我的脸红了，这一幕深深地刺激了我，我下决心要为妈妈争光。我做到了，等暑假高中同学再相聚时，他们的水平都已经赶不上我了。”说到这里，马琰流露出一丝丝小得意。记得学校组建机房时，马琰就跟在老师后面搬机器、装机器、打扫卫生，天天泡在机房里，只为了能比别的同学多些上机的时间，还借来各种计算机书自学研究。马琰清楚地记得每天大课间最喜欢的事情就是站在主楼前逮住计算机系的老师请教一两个未知的问题，他也清楚地记得当他毕业时，学校图书馆里几乎所有关于计算机类的书籍都留下了自己借阅的签名。一场意气之争却为他开启了另一扇窗户，也为他的人生开辟了一条新的道路。

二

1996年7月，马琰毕业了。当其他同学还在为工作愁眉不展时，马琰已经轻松地进入了市农行干部学校工作，为农行的各级干部培训计算机知识。三个月后，不安分的他辞职下海了，自己开了一家电脑公司。由于出众的技术，公司整体收益不错。几个月后，马琰又不安分了，毅然转让了电脑公司，应聘到新加坡中圣集团在上海的分公司工作。

在上海，马琰接受了微软工程师培训。由于学习成绩突出，同年国庆，马琰被公司派往广州分公司，负责对华南地区微软工程师的培训工作。

“现在想来，在广州的三年是最辛苦也是最快乐的。”刚到广州时，马琰还未取得微软认证讲师资格，但同时要给其他同事进行技术培训，压力可想而知。微软公司每研发出一个新的软件，马琰都要抱着厚厚的英文原版材料学习。虽然大学期间也过了英语四级，但是工作后发现所学远远不够了，白天正常上班，晚上大部头的英文原版书陪着他度过了一个个不眠之夜。六门全英文的微软工程师考试结束后，马琰的英文水平突飞猛进。体面的工作，丰厚的薪水，似锦的前程，在很多人眼里，这样的生活已经足够了，然而，天生不安分的马琰又一次让亲朋好友大跌眼镜，2000年，他登上了飞往加拿大蒙特利尔(Montreal city)的飞机，他移民了。

三

蒙特利尔市是加拿大第三大都市，是全国最大海港和金融、商业、工业中心。由于50%以上人口是法国人后裔，到处充满着浓厚的法国色彩，号称“小巴黎”。秋风初起，满山遍野的枫树变成了深绿、金黄、浅红、深红、褐红，景色美不胜收。马琰在加拿大的第一份工作是在蒙特利尔大学有机化学实验室做分子模型数据库的维护工作。他的老板 Stephen Hanessian，一个年逾七旬却精力充沛的老人以乐观、敬业、治学严谨的态度给年轻的马琰留下了深刻的印象。马琰清楚地记得，老人出差到欧洲去，早晨七点的飞机，他六点一定会去实验室转一圈，出差回来无论多晚，第一件事情一定是到实验室去。在欧洲期间，他的秘书每天都要给他发厚厚的传真,汇报实验室里每个学生的学习科研进度。年轻的马琰凭借中国人特有的勤奋努力和扎实肯干给老人留下了良好的印象,他们成了忘年交。老人喜欢马琰,关心他的学业,当他得知马琰因为无法通过法语入学考试不能进入蒙特利尔大学进一步深造时,主动给计算机系的主任打电话,推荐马琰入学。正是由于他的推荐,马琰顺利进入蒙特利尔大学攻读计算机专业研究生。即使马琰离开蒙大多年,他都不曾忘了老人的知遇之恩。

毕业后,马琰顺利进入惠普加拿大分公司工作。在惠普工作的两年间,他主要从事技术支持,大到服务器、主机,小到 Office、杀毒软件,为公司内部提供完善的支持。两年后,他又跳槽了。这次,他得到了美国计算机科学公司(CSC)加拿大公司 Workflow Manajer(工作流经理)职务。美国计算机科学公司(CSC)是全球最大的软件服务公司之一,公司的客户群基本上都是全球 500 强企业。马琰所在的部门仅有 30 余人,却处理着高达 50 亿加元的业务,工作压力和强度可想而知。举例来说,客户的软件使用中出现问题,打电话到公司,若 30 秒内无人接听电话,无论责任在何方,公司都必须赔偿客户 2500 美元。而马琰的工作就是在 15 分钟之内为普通员工无法解决的问题寻求技术支持与协调,30 分钟内给客户提供解决问题的方案。

马琰的家距离圣劳伦斯(St · Lawrence)仅有 50 米的距离,出了门一眼就可以欣赏到圣劳伦斯河优美的风光。马琰的夫人在蒙特利尔大学念书,他们已经入了加拿大籍。他们住在风景如画的城市,有稳定的职业、丰厚的薪水、完善的社会保障,人生何求?“可是,我辞职了”,面对记者不解的目光,马琰微笑了。“我以前从未想过自己能走那么远,应该说我是一个机遇比较好的人,而我能做的就是顺从自己的心,服从自己的渴望,抓住每一个机会,最终我的世界越来越宽广。另外,不出国不知道自己是那么的爱国”,说到这里,大家会心一笑,也许这正是海外学子共同的心声。

“所以我回来了,我想把国外的先进知识、理念、信息带回来,重新开辟我的事业之路。”年轻的马琰是自信的。是啊,这么多年的异国生活丰富了他的经历,在世界 500 强企业工作的经历开拓了他的视野。一直以来,他都明确自己要的是什么、在做什么,无论是生活还是工作,一直在学习用最简单最有效率的方法解决问题。年轻的马琰是幸运的,他遇上了国家经济高速发展的大潮,他会在这股大潮中找到自己的方向，走稳自己的路。

马琰是个极好的交流对象，采访在愉悦的氛围里顺利结束了。他还给记者介绍了美丽的圣劳伦斯河风光，河水清澈见底，河畔优美的风景让人流连忘返。马琰和夫人经常在春天里租上一条船，带着啤酒，躺在温暖阳光里，在河面上自由地飘荡，冬天在河面上搭建的木屋里，在凿开的冰面上冰钓，享受无穷的乐趣……生活是美好的，而我们更应服从自己的渴望，创造自己的未来。

（韩燕　采访于2008年1月）

飞出梦痕

——记中共扬州市邗江区委办副科长　李治禹

李治禹　中共扬州市邗江区委办副科长

籍　　贯：江苏省扬州市

院系专业：社科系(现公共管理学院)公关与文秘专业2000级

座 右 铭：天道酬勤

记者和李治禹的交流是通过电话、短信、邮件和QQ进行的。当记者打出采访他的电话的时候，他正在昆明机场，准备飞回南京。谈起他的一步一个脚印的学习和工作道路，从一个青涩的少年一步步成长为一名年轻有为的国家公务员，他带着自己的梦想飞翔。

我们的交流是从新校区开始的。李治禹动情地说："听说母校乔迁新址，内心无比兴奋，这几年虽在外地工作学习，但时刻关注着母校的变化。新校区的落成，是母校大建设、大开发、大跨越的重要标志，作为一名职大毕业生，更感到骄傲和自豪。"话语不多，但掩饰不了的兴奋流露出对母校的一片赤子之情。

谈及在连云港两年的学习生活，李治禹感慨地说："可能不少同学对考入职大并不是非常满意，但对当年的我来说，这已经是一个非常不错的机遇，因为当年我并不是一名普高生，只是一名中专生。我能进入高校学习，要通过当年的单招考试争取为数不多的名额，进入职大，也真是一个百里挑一的过程，所以我十分珍惜这个接受高等教育的机会。"

但进入职大不久，李治禹就给自己确立了新的目标，那就是通过"专转本"考试进入本科院校学习，提升自己的学历层次和综合本领。他还清楚地记得，当年为了得到一个比较好的学习环境，每天图书馆一开馆，他总是第一个去占位置，每天闭馆，他总是最后一个被管理员"赶"出自习室。后来，管理员也许是真的被他的学习热情所"感动"，每天都会主动帮他留位置。他每天坚持自习备考的习惯，在那两年里从未中断过。

不过，如果你认为李治禹上大学时仅仅知识学习方面突出显然就大错特错了。在学习的同时，李治禹积极地参与了社团建设和学生干部工作，这为他下一个阶段的学习，以及今后的工作都打下了坚实的基础。当时校报筹备创刊，一是人员紧，二是资金紧，三是经验少。记者团一班人在宣传部老师的带领下，扎实工作、勇于创新，从排版、采编、校对、分发等各个环节入手，确保每期校报都有过硬的质量。当第一期校报出刊时，每一个参与者都感受到了快乐和满足。为了锻炼自己的文字能力，更好地参与校报工作，他在课余时间和寒暑假里毛遂自荐，到报社从事记者工作。两年里，共在省市级报刊、网站上发表各类署名文章5万余字，并在市级日报发表头版和头条稿件20余篇。

2001年，李治禹担任了学院有一定历史的萌原文学社的社长职务。当时，文学社虽已有了一些名气，但存在组织涣散、层次不高等诸多问题。通过与文学社常委会成员的商议，他们创新了思路，一是邀请学校相关部门领导担任名誉社长和名誉总编，引起领导重视，帮助解决资金等实际问题；二是定期组织社团活动，加强会员之间的互动联系；三是编发彩版社刊，为大家提供挥洒文学激情和梦想的舞台，同时将社刊向全院各系部和连云港各高校寄发，进一步扩大影响力；四是创办文学社网站，成为第一个拥有独立网站的连云港高校社团。通过努力，萌原文学社成为当时连云港各高校中会员最多、社刊发行量最大、运行态势最好的社团组织。

进入南京信息工程大学学习后，面对的是全新的环境，想要在这个更高的平台上取得突破，确实要付出更大的努力。凡事往往欲速则不达，南京信息工程大学是全国重点高校，学生素质好，教学要求高。李治禹由于是中专出身，在职大时英语学得一般，第一次期末考试居然不及格，他也经历了大学阶段奖学金评比的唯一一次"颗粒无收"。过去每次拿奖学金，放寒假回家时，李治禹都要给父母带一些礼物。这次母亲对他说："你在连云港能拿奖学金，不知道在南京什么时候也能拿一次奖学金!"这句话对他起了很大的影响，使他更加坚定了一个信念：从哪里跌倒就从哪里站起来，越是过去自己做不好的地方，就越是能证明自己的地方。这个假期，他除了继续在报社干好记者工作外，其他时间都用来补习功课，加上开学后的努力，在接下来的一个学期里，他的学习成绩有了明显提升，不仅功课均分都在85分以上，而且获得了当年的三等奖学金。

在搞好学习的同时，他依然积极参与学生干部工作，在学校开创了以一个系的名义冠名全院性活动的先河，成功地举办了全校庆祝十六大胜利召开的系列活动，不仅活动本身取得了良好反响，同时也在一所以理工科见长的院校里扩大了文科系的影响力，得到了本系师生的高度评价。当年，李治禹当选为系团委(总支)副书记，并以接近全票的票数当选为班长。同时，在校报工作上，他充分发挥了在职大积累的经验优势，工作能力得到进一步加强，数篇稿件荣获校报作品年度评比最佳奖和一等奖。

在本科阶段，对于学生干部工作，李治禹有了新的认识。他认为做好学生干部工作的关键在于以身作则，记得他刚当班长时，班上的纪律很不好，迟到、旷课现象屡有发生，不少同学对他这个班长也不大"服气"，于是他专门召开班会，明确提出在遵守纪律上全班同学向自己看齐：如果自己迟到、早退、旷课一次，大家可以尽情迟到、早退、旷课,如果自己每天严格遵守考勤记录,也请全班同学和他一起严格遵守纪律,请所有同学严格监督。这次“表态”得到了全班同学的充分支持,在以后的综合考勤中,他们班级的得分始终保持全系前茅。在“非典”期间,李治禹负责了全系同学的纪律检查工作,他与系团委各部门负责人、各班级团支书班长密切配合,确保了全系在“防非”期间未发生一起违纪行为。

学生干部当以学习为重,学生干部如果学习不好,本身就不可能具备说服力。李治禹之所以在同学当中能够有一定威信,也与他个人成绩优良密不可分。在他当选系团委(总支)副书记的当年,就获得了学年一等奖学金、校级优秀学生干部、校级三好学生三项荣誉“大满贯”,并将此成绩一直保持到毕业,为他更好地开展工作创造了良好的环境。学生干部的本质还是学生,当以学习为重,在大三下半学期,他开始有针对性地把精力向公务员考试转移,婉拒学校宣传部让他担任校报记者团团长的要求,开始集中精力抓学习备考,为毕业时顺利考上公务员打好了基础。

通过公务员考试,李治禹进入了中共扬州市邗江区委办公室工作。区委办这个部门工作节奏快、压力大,因而年轻人居多,他们都很优秀,有不少都是大学阶段的校系学生会主席,和他们一起工作,能学习到不少东西。一开始,他被安排在信息科工作,刚起步时也有过不了解和不适应,常常感到无所适从,但通过虚心请教和刻苦钻研,业务能力得到了逐步提高。2006 年,他负责的区委信息工作综合成绩达到五年来的最高水平,2007 年的综合考评在 2006 年的高位基础上得到了进一步发展,个人也被评为全市党委系统信息工作先进个人。同时,李治禹还成了区委常务副书记的专职秘书,这份任务既是机遇,也是挑战,他尽全力圆满完成领导交办的各项任务,全力做好服务,让领导满意、让组织放心。他深刻感到在每一个新的平台,都要给自己确定一个新的目标,并扎实为之付出努力,过程必然是艰苦的,但获得的回报必定是公正的。通过民主推荐和竞争上岗,李治禹在工作两年后成了单位最年轻的中层干部之一,担任了督查科副科长的职务。

对于未来,李治禹充满期待,因为八年的学习工作使他觉得,任何成绩的取得都离不开挫折的锤炼和追求的推动,同样他也希望学弟学妹们能够正视困难,奋发进取,实现自己的人生价值,回报母校的培育之恩,展开理想的双翅,飞出梦的痕迹!

(郑硕　采访于 2008 年 3 月)

为墨痴狂

——记中国书法家协会会员、连云港市书协副主席、新浦区委宣传部副部长　李敬伟

李敬伟　中国书法家协会会员、连云港市书协副主席、新浦区委宣传部副部长

籍　　贯：山东省莒县

院系专业：中文系(现公共管理学院)中文秘书专业1988届

中国书法家协会会员、江苏省书法家协会会员、连云港市书法家协会副主席、新浦区文联主席、新浦区书协主席、南京印社社员、《书法导报》特聘书法家、连云港市书画院特聘书法家——这是作为书法家的李敬伟先生。

临洪街道办事处工作人员、新浦区劳动人事局工作人员、新浦区委办副主任、新浦区市东办事处主任、新浦区卫生局党委书记、新浦区宣传部副部长、连云港市政协第十一届委员会委员——这是作为一名公务员的李敬伟先生。

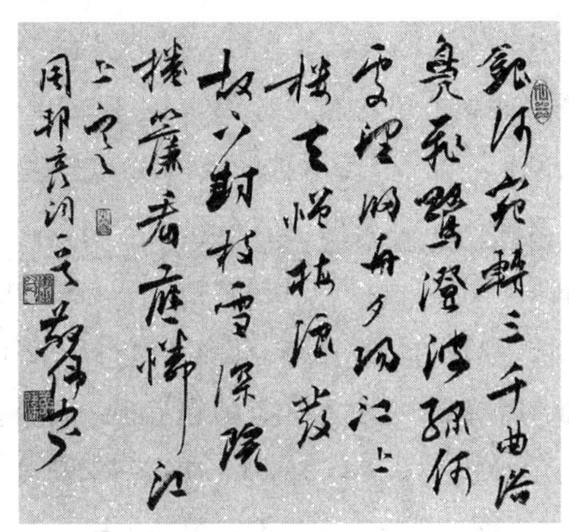

李敬伟书法作品

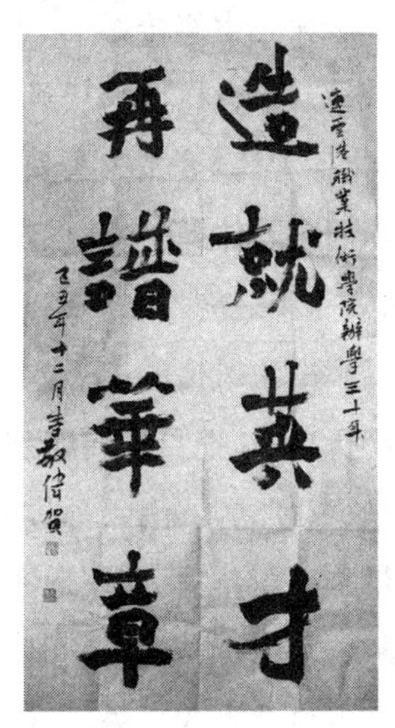

李敬伟为母校办学 30 年书写的作品

记者与李敬伟先生约谈前，就因其是我校毕业生中成绩斐然的一位，大体了解了他的基本情况：既是书法家又是位国家公务员，但是通过交流，他的独特的人生经历，特别是他作为书法家的成功之道还是令笔者感动不已。

> 我学习书法，无名师指授，全凭天资、痴情和 20 年持之以恒的苦心孤诣。追求质朴、平淡、率真是一个艺术家应有的美德，只有具备这种美德才能摆脱虚伪和矫饰，忘却宠辱和得失，才能用自己的生命去亲征真、善、美的崇高境界，才能用整个的心灵去爱恋艺术，创作出隽秀隽永的优秀作品。
>
> ——李敬伟先生语

李敬伟先生与书法结缘已有 30 余年，儿时的涂抹是由于父亲的影响和要求。

学习书法并非易事，必须有坚强的意志，克服多种困难的决心，承受挫折的勇气，善于学习并甘于寂寞，才能真正获得成功的喜悦。而支持他迷恋书法的原因，是源于他对古老东方文化思想的理解和认识，同时，在他心中有一座灯塔——艺术之“道”，他的努力方向便牢牢锁定在那里。在实际的书法实践过程中，他则“咬定青山不放松”，苦行僧一样不辍寒暑地挥毫临帖，对前人最优秀的经典作品及其艺术精神加以研究继承并汲取着营养。正所谓：胸有灵丹一粒，方能点化俗情，统略万有。李敬伟先生修悟结合，积功得道，寒暑不辍。他初临唐楷，小学时，对颜真卿《多宝塔》、柳公权《玄秘塔碑》用工颇多。中学时，对欧阳询楷书法帖《九成宫醴泉铭》、《化度寺碑》等尤为喜爱，一临就是近十年，这为他夯实学书的基础起了不可小觑的作用。欧体楷书，兼融南北朝书风，既得北朝方正峻利之势，又有南朝文质彬彬、风姿秀雅之韵，其骨硬肉丰、俭劲平和、刚而不狠、健而不犷的风格成为李敬伟先生日后书法风格的基石。1993年开始，李敬伟先生从自己的个性特点出发，专攻于小行草书，把目光转移到贴近人文精神、更能体现自家性情的“帖”上。于是由王羲之、王献之，下溯到孙过庭、米芾、苏东坡、董其昌，对古代先贤的经典行草书作品大量临写，将自己彻底地融入传统文化的精神渊薮之中。从点画到笔墨，从结构到旨趣，他都意与古会，领略了古代先贤的精神实质。多年来，他一直坚守着丰厚的中国古典艺术的优秀传统，又以其优异的成绩证明着这一艺术观念的正确。

李敬伟先生书法的突出特点是以韵取胜，用笔提按适度，正侧兼施，转换自然，行笔流畅，结体顾盼呼应，行气连贯而复变化，表现出一种和谐的生机。其作品一般没有大起大落的强烈感情宣泄，没有惊心动魄的感官刺激，而是从容舒缓，典雅娴静。李经纬先生通过长期的临帖，从“二王”法帖中汲取一些有用的经验技法，有选择地吸收、借鉴，他注重传统，不仅遍临王羲之《圣教序》、《金刚经》、《十七贴》等法帖，也揣摩了魏晋之风，还融会了苏、黄、米、蔡，参悟了王铎，借鉴了清人墨迹。

社会给人的机遇不一样，这造就了形形色色的人生景观。但是，社会给人成功的机遇却是均等的，“天道酬勤”，当褪去了所有的光环之后，我们同等地接受后人的评判。

——李敬伟先生语

李敬纬先生的书法取法帖学，颇有魏晋书风的娴雅与洒脱的气息，这表现了他在书法学习中的敏锐洞察力和不俗的追求。李敬纬先生对名家法帖的学习有良好的悟性和捕捉能力，他能在短时间内把所学字帖的气息较好地营造出来。因此，他学米像米，学苏肖苏。“穷源竞流”的学书方法，使他掌握了较丰富的用笔技巧，具备了扎实的帖学功底。

气势流畅的行草书，最适合于表现书家的气质与才情，故李敬伟的创作多为行草，其参展获奖的作品基本为行草书。

作为一个20世纪60年代出生的书家，能有这么坚实的笔墨功夫，又能从中体现自己的艺术观念，实属不易。李敬纬先生艺术风格的形成与他所处的生活家庭环境密切相关。1966年，他出生在山东莒县一个小村庄，每当他回忆到家乡那起起伏伏的丘陵，那一望无际的田园绿色，那摇曳诗意与梦境的土地，总是兴奋不已。那是发自内心深处的激动。我们能从他的兴奋中读出“天地与我并生，而万物与我唯一”(《庄子》语)的自豪与惬意。如果说七年的乡村生活环境埋下了他的艺术灵感，那么家庭生活环境的熏陶则铸就了他日后的艺术基础。他生于教师世家，20世纪七八十年代享誉我市的著名教育家李黎明的宽厚、仁慈，深深影响了李敬伟，爷爷的博学多识，教会了他做人，爷爷一手漂亮的字，在他幼小的心中扎下了根。而20世纪60年代毕业于北京大学的父亲同样以一手秀美的书法触动了李敬伟的艺术之门，在不自觉地涂抹中渐行渐远。1985年，他考入连云港职业大学，在学校举办的书法大赛中，李敬伟一举夺魁，从此他似乎发现了自身潜在的天分，对书法也由一般爱好转化为一种强烈的艺术追求，日积月累，直至今天厚积薄发。性格的坚毅执著、环境的熏陶造就，成为他能于尘世的喧嚣中开辟出自己一片心境、塑造自我风格的基础。他专注于二王系列经典作品不动摇，没有在时下流行书风中迷失自我，因而其作品也就多了份文人雅气，多了份秀逸，多了份干净利落。

李敬伟先生善学好悟，为人谦虚平和。朋友间的交往，古今明贤的经典，一些高水平的展示和交流，都是他获取创作灵感的源泉。他常常利用休息日到全国各地观摩一些重要展览。有一次安徽合肥有一个重大展览，为不耽误第二天的单位会议，他周六早上乘车去看展览，当天连夜赶回。每每从一次展览、一幅作品、一段书论，甚至与书友一次不经意的谈话中，都能受到启发，感受其中的精髓，找到自己思考的契合点。因而，近年每隔一段时间，书道的朋友都会发现他的笔下流露出进展，并不断在一些全国性大赛中入围甚至获奖。

> 学习书法是我一生的爱好和追求，那里有我生命的痕迹。走过漫长的学书之路，虽然艰辛，苦乐相伴，但在尘世的浮华和喧嚣中，我始终做一个默默的近墨者，从中感悟人生，感悟生活，享受乐趣。
>
> ——李敬伟先生语

书法相对于李敬伟先生来说，只是一个载体，承载这个载体的却是一种人格力量，一种超凡脱俗的精神追求。人生艺术本为一体，人的境界气格关乎书法的境界气格，故李敬伟先生做人、作文、写字皆以“真诚”二字浇铸，以不懈的努力，探索着学书真谛。

学习书法是件苦差事，但李敬伟先生却以此为乐，大量的临帖占用了他绝大多数业余时间，许多娱乐活动几乎与他无缘，他在书法中寻求人格的升华、交友的快乐、心态的平和、稳重的风度。他勤于思考，读法帖，悟玄机，每当领略到一点奥妙，哪怕仅仅是一个笔画，都令他激动不已，他享受着一般人体会不到的快乐。

作为书法家，作品在中国书法家协会举办的展览上的入展次数才是衡量其实力最重要的标杆。2005 年 5 次，2006 年 4 次，2007 年 4 次，李敬伟的书法作品频频入围。特别是 2007 年 10 月，他的作品成功参加在广州举办的全国第九届书法篆刻展。在 56000 件候选作品中最终入围不到 1000 件展览作品，可谓是难上加难。虽然说李敬伟先生的书法艺术成绩斐然，但他知道书法艺术的博大精深，依然于宁静里一如既往、勤奋好学，购买大量美学、文学书籍，挤时间浏览，以增加文化底蕴，在传统和现代的融合中寻找新境。用他自己的话说，就是书法艺术蕴含着自己的精神寄托，寄寓着自己心声的笔墨灵魂。

李敬伟不仅是一位书法家，还是一位称职的公务员。在工作中，他思路清晰，善于思考，不论在哪个岗位上，总能很快进入工作角色，显示出良好的素质。“做事诚平衡，为人简浅显”，表现出他与众不同的处事方式。他重情重义，在与同道和上下级的交往中，他为人诚挚，待人热情，从不夸夸其谈，谦虚厚道而有礼数。无论在工作上还是生活中，总能正确把握自己，他的人品、艺品在熟知他的人中有口皆碑。通过其书法作品，亦不难从中品出他的人格魅力。

李敬伟先生说：只要没有应酬，他几乎每天晚上九点左右就一个人到位于阁楼中的书房练字，每天练习三到四个小时。练的时间短了，没感觉，进入不了状态。是啊，书法太难，选择书法，就是选择寂寞，就是选择拼搏和永不停歇。屈原说："路漫漫其修远兮，吾将上下而求索。"李敬伟先生深知此中哲理意蕴，故取"修远阁"为斋号以明心志。对已有的成绩，他淡然以对，他把目标定在高远。艺术之树贵在常青，艺术创作贵在不断超越"自我"，李敬伟先生决心在书法艺术这个广袤的田地里不断耕耘收获，他正义无反顾地朝着他的审美理想大步迈进。

（郑硕　采访于 2008 年 3 月）

感恩的心

——记常州艾贝服饰有限公司产品部工艺组、IE组组长 陈亚勤

陈亚勤 常州艾贝服饰有限公司产品部工艺组、IE组组长

籍 贯：江苏省盐城市

院系专业：艺术与旅游系(现艺术与旅游学院)服装设计专业2004届

座 右 铭：只有懂得感恩的人才会真正享受生活的快乐

至今还清楚地记得与陈亚勤的那一次见面。她受邀来学校做一个活动的谈话嘉宾，本想做一次专访，可她行程太紧，不到三个小时的时间安排了满满当当的拜访，所以只好做了一次“随行记者”，希望可以见缝插针完成采访。那一天，我跟随她拜访了她的老师长辈，久别重逢，时间过得很快，那边司机师傅催得紧，同伴便和她商量，希望取消最后一个拜访，没想到这个温柔甜美的姑娘竟有如此果断坚决的声音，两个字“不能”说出来，一点商量的余地都没有。后来我知道，最后要去拜访的是在她求学期间给过她帮助的连云港书店老板李文伦经理，每次来连云港，时间再紧，陈亚勤也要去看看他，当时我就想：这姑娘有着一颗感恩的心。后来的多次交流，也证实了这一点。

感恩，也是陈亚勤平时用得比较多的字眼。对此她有自己的说法：“常怀感恩之情，就会时刻有报恩之心，报父母之恩、老师之恩、朋友之恩……”常怀感恩之心，善于发现事物的美好，感受平凡中的美丽，那我们就会以坦荡的心境、开阔的胸怀来应对生活中的酸甜苦辣，陈亚勤对此有自己的体会。她出身农家，自小就生活贫苦，对此，她从来都不避讳。她坦然说自己能上大学不容易，当她2001年考入连云港职业技术学院艺旅系时，由于是艺术专业，学费比普通专业要贵不少，对于她当时的家庭来说，更是一笔天文数字。她说：“我当时已经为自己做了不上学的决定。但妈妈最了解我的心思了，她知道我想读书，于是开始让爸爸四处借钱筹学费，亲戚们也不能理解妈妈的想法，也不愿意借钱，妈妈又想办法借贷款，好不容易才筹齐了学费。”提起往事陈亚勤十分感慨，她说：“从那以后不管有多大的困难我都会想起当初上学时妈妈为我筹学费时的艰难情景，再大的困难也不是困难了。”陈亚勤从那以后，就暗暗下定决心一定要好好努力，一定要做出一份属于自己的事业，好好报答她的爸妈。

陈亚勤的确在努力实现着她的诺言，在学校里，她品学兼优，还有了“勤姐”这样一个称号。她说这是她学生时代最自豪的一件事，因为这两个字不仅包含了亲切的同学情，更是她大学时勤劳、俭朴的代名词。提起这个，陈亚勤一脸自豪：“在同学之间‘陈亚勤’这三个字消失了，换来的是‘勤姐’。就包括后来我做助理辅导员所带的针织班16名学生都叫我勤姐。”陈亚勤的大学生活是忙碌而充实的，除了要认真学习专业知识外，她还要尽可能地多做些勤工俭学的工作来减轻父母的经济压力。谈起这些，她说：“在学校勤工俭学的日子虽然辛苦，但是我明白了做任何事情都必须尽职尽责、有始有终。记得大二时每天早上6:30之前我必须花半个小时从工美系楼下提一桶水到四楼，先扫地再拖地，然后每个月可以领到40元的工资。其实当时每个周末我在校外给商场发传单一天就可以拿到30元的工资，但是学校的这份工作我还是没有扔掉，这是学校对我的信任和帮助，我不能辜负。后来我把这份工作看成自己的责任和义务去干好。这样的责任心和恒心使我在以后的工作中获益良多。”

和所有毕业生一样，在临近毕业时都在为找工作而烦恼着，陈亚勤精心地准备着简历，在放寒假的时候利用平时打工省下来的钱跟同学一起去苏南找工作，参加了名目繁多的各种招聘会，但却一无所获。后来好不容易有一家公司愿意接收她，却是一家玩具公司，与她致力于服装行业的志愿相去甚远。当她在现实和兴趣之间左右为难之时，盐城的一家服装厂愿意让她去实习，但没有工资还需要自己拿钱吃饭。在一番艰难的思想斗争后，她还是选择了后者——兴趣。陈亚勤说："我在学校学习了三年的服装，这也是我的兴趣所在，我不能轻易放弃，为了可以从事服装行业，为了学习专业技术，最后我还是硬着头皮进了这家公司。”但这家公司复杂的人脉关系，是涉世未深的她所始料未及的，在那里，做任何事，说任何话，都必须小心翼翼，以免引起不必要的麻烦。三个月的实习就要结束了，陈亚勤又再次面临着艰难的选择：是继续留在这家公司工作呢，还是再次回到找工作的原点呢？衡量了一番之后，她作出了一个大胆的决定，她说："我不能把自己的精力和时间浪费在人际关系上，我必须学有所用，必须有所作为，必须找到适合自己的岗位，哪怕从一名普通的操作工做起我也不愿意虚度光阴。”这样，陈亚勤又踏上了艰难的应聘之路。

感恩的心态再次帮了她，在她心仪的常州艾贝服饰公司的面试中，她被问到"如果进入我们公司你需要什么样的薪资待遇”时，陈亚勤不假思索地回答道："现在的我还是一个刚毕业的学生，凭现在的水平我还不能为贵公司创造很好的效益，贵公司愿意接受我在此学习我已经很感激了，能保证我的基本生活就可以了。如果我现在是一名工作经验很丰富的应聘者，那我会很乐意地去和你谈待遇问题。”这样的回答，这样的心态，成功地为她进入这家公司的大门递上了一块合格的敲门砖。

陈亚勤如愿进入了常州艾贝服饰有限公司。事实证明，这个选择没有错，因为有在学校系统的专业学习，上手的速度比较快，她在车间学习了 2 个月后就顺利进入办公室做助理工艺员培训，没多久，公司还将整个部门工艺员培训的工作和裤子条线新工艺员培养的任务交给了她。陈亚勤说："其实那时我才毕业不到一年的时间，一点底气都没有，第一次培训只讲了 20 分钟，我紧张得说话都颠三倒四的，幸好所有的工艺员还是比较配合，没有跟我捣乱。"

陈亚勤(左)和资助她读书的连云港书店总经理李文伦先生

陈亚勤在领导的肯定中不断地进步，2005 年年底她还获得了公司级的"最佳敬业奖"，这不仅仅是很高的荣誉，更是对她工作的认可。在 2006 年初随着公司业务量的不断增加，裤子条线成立了工艺组，陈亚勤被任命为"工艺组长"，但管理工作的难度比她想象的还要大。陈亚勤说："当时我的肩上不但要担负人员短缺带来的业务量的增加，更要面临管理的压力，在这样的环境下公司还上了 ERP(企业资源计划管理软件)项目，在那段日子里我每天起床后都要对着镜子喊'陈亚勤，你一定行，不能放弃。'"这样如履薄冰的日子使她内心深处特别的脆弱。一天，EPR 项目组又提出了新的要求，陈亚勤负责的数据修改报告在经过数个领导的签字后还必须到 ERP 项目组进行修改。这种被监视和不信任的感觉使陈亚勤一直紧绷的弦终于受不了了，她怎么都不能理解领导的决定，回到宿舍关上了门大哭了一通后写好了辞职报告，准备第二天回公司办手续走人。这时她收到了组内工艺员的一条短信:“陈亚勤,你回来吧,以前你在的时候我们觉得你是多余的,这两天你不在了,我们觉得少了很多,大家都不想做事了,以前我们不听你的话是我们的不对,我们团队是六个人,缺了谁都不行。”陈亚勤这才醒悟到自己想退缩的真正原因是找不到“伴”,不管多么困难的事情如果能够有一群人在一起度过,那么再大的困难也不是困难了。从此,她们改变了以往的孤军奋战,改为团队作战,爆发出了前所未有的潜力,2006 年工艺组是整个部门中最差的一个组,经过 2007 年半年的改变,已经变成部门里最有战斗力的团队,还向其他部门输送了车间主任和工艺质量员。2007 年年底小组内部三名工艺员被评为部门优秀员工,一名被评为公司优秀员工。

由于在 ERP 项目中的优异表现,2008 年陈亚勤又被调入 IE 工业工程项目组,组建 IE 小组。陈亚勤说:“有了组建工艺组的经验,有了一群相互扶持的伙伴,我的信心倍增,我相信我能行。”

谈起她这一路的成长历程,陈亚勤充满了感恩,她说:“我感恩于父母、师长、朋友、同事,感谢他们给了我快乐进步的勇气;感恩于机遇,感谢它给了我升华自我的阶梯;同样也感恩于挫折,感谢它给了我继续拼搏的筹码。”这样一个懂得感恩的女孩,无需言他,本身就是一种美丽的理由。

(张波　采访于 2008 年 4 月)

警察故事

——记连云港市公安局海州分局洪门派出所政治教导员　刘　勇

刘　勇　连云港市公安局海州分局洪门派出所政治教导员

籍　　贯：江苏省赣榆县

院系专业：经贸系(现商学院)经济管理专业1995届

座 右 铭：当幻想和现实面对时，总是很痛苦的。要么你被痛苦击倒，要么你把痛苦踩在脚下。

爱　　好：爬山、郊游、读书、听音乐

站在派出所门前，记者感到有点意外，一座三层小楼、近十间平房、不大的院子，与记者的想象差距甚远。如果不是临时决定将采访地点放在本篇主人公的工作地点，也许记者无法亲眼看到一个基层派出所的工作条件是什么样的，更无法深刻了解到一名优秀警察身上发生的平凡而动人的故事。

虽有几年未见，但眼前这个高大朴实的汉子那憨憨的笑容依旧没有改变，值了一夜班的他看起来有些疲惫。"选择警察这一职业真是机缘巧合"，谈起走上从警之路，刘勇笑着解释说："1995 年我从职大经贸系（现商学院）毕业时已进了如意集团工作。那年 10 月，连云港公安系统要从地方高校招录一批毕业大学生充实到警察队伍中去，我在报名截止的最后一天才知道这个消息并报了名。当时公司正处于生产旺季，每天上班很忙，根本没有时间看书备考。临近考试，才向部门领导请了几天假。"提及往事，刘勇陷入了沉思，"就两字——疯了。当时我住在职大主楼一楼到二楼楼梯拐角的小房间里，疯狂地看书，困了睡一会，饿了随便吃点东西，别人用了一个半月的时间备考而我只有四天，当时心里确实很紧张、很着急，甚至也曾想到过放弃，但最终还是挺了过来。幸运的是考试结果还比较理想，我的笔试成绩是第六名，面试第一名。这段经历对我的影响太大了，我永远也忘不了。这用时髦的话说就是'累并快乐着'"。

真正跨入警界，刘勇发现需要学习的东西实在太多。从现行的法律法规的掌握应用到如何进行人口管理、户政管理、案件查处审核等。他积极参加计算机、法律、WTO 等各项学习培训，先后顺利通过了公安民警执法资格考试、公务员计算机知识考试、南京大学法律本科自学考试等考试科目，为自身业务能力的提高打下了坚实的理论基础，迅速实现了一个从一名普通学子到人民警察的角色转变。日常工作中，他时刻牢记"全心全意为人民服务"的宗旨，对群众的报警求助始终做到热情接待、耐心解释、妥善处理、积极为群众办实事、办好事，切实为民排忧解难。刘勇用自己的行动捍卫着百姓安宁的生活环境。

从浦西派出所到治安大队再到路南派出所，从社区民警到内勤到分管治安刑侦工作的副所长，刘勇一步步坚定地前行着。路南派出所位于市中心，辖区内、大型商场超市、企事业单位多，人口流动量大、接处警多、治安刑事案件多、疑难纠纷多。作为一名分管治安刑侦工作的副所长，在办理大量治安刑事案件的同时，刘勇还有一个重要工作就是处理大量的疑难复杂纠纷，"连说话都觉得累"，每天都是口干舌燥，一天的电话接听量经常超过 200 多个，在调解过程中要注意法律运用、说话语气、政策把握等，时间长了，刘勇还真的总结出一套自己特有的调解方式，在实际工作中发挥了重要的作用。一些医患纠纷、征地拆迁纠纷、意外事故纠纷等涉及人数多、案情复杂、处理难度大的“难啃骨头”，都在刘勇苦口婆心的劝解中圆满解决。辛勤的工作也赢得了民警和辖区群众的敬佩和赞扬，民警对他的评价是“三‘啃’所长”（爱啃“骨头”、能啃“骨头”、善于啃“骨头”）。

刘勇嫉恶如仇，忠实地履行打击犯罪的职责。对严重危害社会治安的各类违法犯罪活动，他始终坚持重拳出击，打早、打小，严厉打击了犯罪分子的嚣张气焰。工作中，刘勇还练就了一双“火眼金睛”，一大批违法犯罪分子落入法网。2006 年 11 月，刘勇在办理一起治安事件时，在市产权处楼下发现三名青年形迹可疑，遂调集警力进行跟踪，后经盘查，从这三人身上搜出白手套、匕首、仿真手枪、绳索等作案工具。经突击审讯，这三名山东苍山籍犯罪嫌疑人交代了当天下午从临沂购买作案工具后窜至我市准备在晚上骗租出租车抢劫司机的犯罪事实。

从警十多年，刘勇直接参与侦破杀人、伤害致死等大要案件十余起，处置聚众斗殴寻衅滋事等群体性案件数十起，破获盗窃、抢劫、诈骗、绑架、敲诈勒索等刑事案件数百起，各项工作指标一直遥遥领先。谈及记忆深刻、最有成就感的案件，刘勇的眼睛瞬间闪亮起来，“有一天，明珠大酒店入住了四名贵州客人，从进酒店时的衣衫褴褛到出房间时的衣着笔挺，有点反常。接到治安信息员汇报的那刻起，我就在琢磨这里面隐藏着什么秘密。为了更快地找到答案，我们把四个人请进了派出所，分头开始询问，一轮问题问下来就开始露出马脚，四人口径不一致，甚至连基本情况都无法自圆其说。等我对其打指纹准备进行对比时，其中一人神色明显慌张起来，呵呵，有戏了。我们把取到的指纹送到市局指纹库对比，无果；联网省厅，依然无果。我不死心，继续与兄弟省市公安系统指纹库逐一进行对比搜索，最后在湖南省长沙市公安局指纹库中找到了与此人相同的犯罪嫌疑人的指纹，而且是一个晚上在同一住宅小区连续盗窃七起的案件。后来又陆续在浙江丽水、湖北武汉、山东青岛等指纹库中查到了这 4 名犯罪嫌疑人作案后留下的数枚指纹。我们找到了突破口，在强大的法律威慑力下，他们的心理防线崩溃了，交代了四个人单独或结伙攀爬下水管道入室盗窃一百多起的犯罪事实。这四个人偷遍了沿江、沿海城市，曾被广州、杭州、厦门、重庆等十几个大城市的派出所审查过，没想到第一天刚到连云港还没作案就落网了。这件案子在当时产生了较大的社会影响,《人民公安报》、江苏卫视等多家新闻媒体都进行了采访报道。”提及这段往事,刘勇欣慰地笑了。

无情未必真豪杰,怜子如何不丈夫。在刘勇身上,不仅有警察的铮铮铁骨,也有铁血男儿的一片柔情。与记者的熟识,也是因为刘勇利用闲暇时间,经常返回母校义务为在校大学生举办各种讲座。1997 年,当时刘勇任团支部书记的浦西派出所就和我校外语系外贸英语班团支部结成共建单位,坚持照料辖区烈属朱银珍老人。逢年过节时,刘勇和学生们还自带礼品上门看望慰问,让老人感受到社会的温暖,过着幸福的晚年。诸如此类的事情举不胜举,每到一个工作环境,刘勇都积极开展爱民活动,主动筹集资金购买食用油、米面等生活必需品,为辖区内鳏寡孤独老人献上公安民警的一片爱心。

2007 年春节前,刘勇调到海州分局洪门派出所,在公安系统组织的“春风行动”中,刘勇坚持把保护未成年人作为工作重点来抓。“我是从学校出来的,我知道一个良好的校园环境在青少年成长过程中起着多么重要的作用。我非常重视校园周边治安整顿工作,通过努力,先后打掉了三个专门针对在校生的抢劫、盗窃、敲诈勒索犯罪团伙,海州职教中心、海州高级中学附近的治安环境有了明显改善。”2007 年6 月,派出所邀请 10 名特殊家庭背景的少年儿童作为代表参加“警营送春风,爱心护花朵”主题活动,组织他们观摩接处警,参观警用装备和防控体系建设,向他们赠送学习用品,通过系列亲情互动活动的开展,温暖了结对青少年的心灵,让他们感受到社会的关爱。由于多年来在爱民实践中的突出表现,刘勇被江苏省公安厅评为“江苏省公安机关春风行动先进个人”。

他的故事,细微中显露真情,平凡中透着伟大,他用一颗赤胆忠心,践行着自己的从警誓言。从他的身上,记者深深体会到百姓幸福安宁生活的背后是他们在无私奉献、默默付出。采访结束,记者在心中默默祈祷:好人一生平安!

（韩燕　采访于 2008 年 4 月）

鹰击长空

——记连云港鹰游集团我校毕业生团队(一)

叶燕平　连云港鹰游集团纺机研究所所长(机械方向)

籍　　贯:江苏省灌云县

院系专业:机电系(现机电工程学院)机械专业1993届

业余爱好:读武侠小说

最骄傲的事情:自己参与研发的产品将国外的产品逐出中国

让我们先在一个比较大的时空概念下关注几则新闻事件——

2007年10月30日，连云港经济技术开发区，由连云港鹰游公司参股组建的中复神鹰碳纤维有限公司正式揭牌，同时举行了万吨碳纤维首期工程开工典礼。国家"十一五"规划中，科技部和国防科工委将碳纤维列为重点鼓励发展产品。该项目总投资30亿元，计划在2010年年底前建成国内最大的、完全国产化的万吨碳纤维生产基地，实现销售50亿元的目标。此事件以"国内首家万吨碳纤维项目落户连云港，打破国外技术和贸易封锁"为题入选年度港城十大新闻。

2008年3月5日下午，北京，人民大会堂江苏厅，十一届全国人民代表大会第一次会议分组讨论。中共中央总书记、国家主席、中央军委主席胡锦涛与江苏代表团全体代表共同审议政府工作报告。审议前，胡锦涛总书记亲切接见全体代表，在与连云港鹰游集团董事长、中复神鹰碳纤维有限公司董事长张国良握手时，得知企业正在攻关碳纤维时，胡主席感到十分高兴，胡主席对张国良说："我国研发碳纤维对相关的高科技产品影响很大，但目前受制于人。"胡主席还勉励说："希望寄托在你们身上，一定要把碳纤维做好！"

2008年3月31日，连云港职业技术学院北院报告厅，全国人大代表张国良先生报告会。会上，张国良介绍了他们公司目前已经投入生产的碳纤维产品。碳纤维材料是21世纪最具诱惑力的高性能新型纤维材料，广泛用于航天航空、军工、交通、医疗、纺织等领域。同时，碳纤维的出现使纤维增强复合材料更具有广阔的应用前景，极大地提高了人们的生活质量，具有巨大的社会效益和经济效益。他举例说，万众瞩目的"神舟"飞船就大量使用了碳纤维。他的报告引起了在座的院领导吴建成、仲伟勇和全体师生的极大兴趣。

那么张国良是何许人也？鹰游集团又是怎么回事？和我们连云港职业技术学院的毕业生们又有何关系呢？带着这些问题，记者查阅了许多有关该公司的资料，多次走访总部设在海州开发区的鹰游集团，采访了许多在该集团重要部门任职的我校毕业生。慢慢的，一个优秀的民营企业家带领一个优秀的企业团队不懈奋斗，打造出了一个庞大的实业帝国的轮廓清晰地展现在我的眼前，而这其中，主要来自我校机电工程学院的毕业生们活跃在鹰游公司的各个领域，他们默默奉献、团结合作、艰苦奋斗、不断探索，从产品研发、工艺设计、生产过程、产品销售到售后服务的各个环节都已成为其中不可或缺的骨干力量。

连云港鹰游(集团)公司领头人张国良带领着以我校机电学院毕业生为代表的创业者经过10年的卧薪尝胆，将一个濒临破产的纺织机械厂按现代企业制度打造成以生产纺织机械为主，集纺织、新材料为一体的国家级重点高新技术民营股份制企业公司。目前以股权为纽带，已形成以鹰游纺机、立成毛绒、迎雁毛纺、飞雁毛毯、人造毛皮、金典服饰、鹰游纺织品销售、神鹰新材料、鹰游房地产等9家公司组成的企业集团，现有职工3600余人，综合经济实力名列全国纺机行列前茅。2006年公司被列为“国家工程技术中心重点培育企业”和“江苏省重点培育发展百强企业”。公司已建立“江苏省企业技术人群”，正在建设“江苏省高性能纤维机械工程技术研究中心”。“鹰游纺机”、“立成毛绒”这两个品牌和产品先后荣获“江苏省著名商标”和“江苏省名牌产品”称号。

鹰游董事长张国良是第十届、十一届全国人大代表，享受国务院津贴的教授级高工，获得全国五一劳动奖章。鹰游注重自主创新能力的提高和自主知识产权的培育，已形成具有国际水平的纺织后整理成套设备的生产、开发能力，并在长毛绒、毛毯、家纺、新材料等领域也取得重大进展。近几年，企业每年都有10余项新产品投入市场，共申请20余项技术专利，获科技进步奖45项，国家级奖励15项，承担5个国家级火炬计划项目，6个国家级星火计划项目，其中神鹰新材料项目被列为江苏省重大科技成果转化项目，得到国家领导的高度重视。鹰游已拥有先进的制造能力，特别是2002年5月建成的550亩的鹰游纺机工业园启动后，生产区面积达15万平方米，技术装备以数字化的加工设备为主，并在关键加工技术上进口部分国外先进设备，在机械制造行业中处于国内领先水平，产品国内市场覆盖率达80%以上，产品销往印度、巴基斯坦、摩洛哥、越南、泰国等多个国家。产品销售额：1993年，260万；1997年，3000万；2007年，突破2亿2千万……

在这个成功的实业帝国，从总部到子公司，从研究所到生产车间，从数据中心到售后服务，到处都活跃着我校毕业生的身影，据不完全统计，有四五十人之多。以下的名单并不完整，只是他们中的部分代表：

叶燕平	纺机研究所所长(机械)	1993届机械
李学波	纺机研究所所长(电子)	1991届自动化
刘永宏	纺机研究所工程师	1997届机械

徐传功	纺机研究所工程师	1997届机械
司朝彬	纺机研究所工程师	1997届机械
张家秀	纺机研究所工程师	1993届机械
陈福芹	纺机研究所工程师	1993届机械
陈　仁	工艺科科长	1997届机械
相春旭	钣金车间主任	1997届机械
胡贰社	油漆车间主任	1997届机械
徐同强	生产科科长	1997届机械
张　倩	生产科科长	1997届机械
尹继君	飞雁毛毯设备科科长	1997届机械
臧　溪	纺机销售科科长	1993届自动化
唐云川	纺机数据中心主任	1997届自动化
张　毅	纺织品销售中心总经理	1997届中文
张家好	神鹰新材料工程师	1997届机械
金　晶	市场部	1997届机械
赵思根	售后服务部	1993届机械
涂英禄	金属加工车间总调度	1997届机械
杨　军	飞雁毛毯技术科	2000届文秘

（郑硕　采访于2008年5月）

鹰击长空

——记连云港鹰游集团我校毕业生团队(二)

陈　仁　连云港鹰游集团纺机生产工艺科科长

籍　　贯：江苏省灌云县

院系专业：机电系(现机电工程学院)机械专业 1997 届

前些年，我没事就到国外同行的网站上，琢磨他们的产品。现在，外国人也搞不出什么好东西了，最好的产品出自我们之手，我上他们的网站就少了！

——叶燕平所长评价近年国外纺机新品设计开发时语

也许是因为常年从事科研开发工作，30来岁的叶所头发花白，不过他的精神十足。开始的谈话让人更多地感受到他的理性，可一会儿话匣子打开后，记者发现他还很健谈，而且他谈话的条理性、层次感很强，这让记者觉得按照他的思路就可以很轻松地完成采访。

和叶燕平所长的交流是从当年他的大学生活开始的。“那时江飞舟老师是我的班主任，顾强老师带过我《材料力学》，王克武老师带过我《机床》。”说起当年的恩师，叶燕平所长记得清清楚楚。讲起大学学到的知识对后来工作的作用，叶所的答案令人吃惊，“上学时学到的东西直接用的也就5%～10%”，就在记者以为他在说上大学学习不重要时，他对大学读书作用的理解竟然十分独到：“读大学学习的作用是，等到我用到有关的知识时，我能知道到哪里去找！每当我在工作中遇到困难时，我自己回忆，或问同学，竟然发现几乎我需要的东西都能够在大学的课堂上找到相关的知识！这就给我打开了一扇门，或者指出一条路，我再在此基础上研究！”

说到1993年进入鹰游，叶燕平所长的坦诚令人吃惊。“我当时是委培的，按理我应该回灌云酒厂，我去看过，灌云酒厂半死不活就要倒闭了！不过现在鹰游的前身，当时的纺织机械厂效益也不好，250个工人里有50多个退休的，三分之一的时间不上班，工人有跑摩的的、有卖菜的、有蹬三轮的……现在看张董真是有眼光，就在这样的情况下，1993年我们职大的毕业生一下子就进了10个，3个自动化的，7个机械的。现在大多数还在公司，大都成了独当一面的中坚！”叶燕平所长顺便评价起现在大学生的就业来，“现在的大学生，头一年就换了两、三个单位的人很多。但实际上，这山望着那山高，不能伏下身子，踏踏实实地做事，或者对待遇方面急功近利地提出许多不切实际的要求，几年下来，业务上面两手空空，基本上就废了，心态也就更坏！”

说到产品的研发，叶燕平所长并没有记者原来想象的苦行僧的表述，一切好像就在顺风顺水的自然之中。“原来的技术人员大多是中学毕业，做点初级产品还可以，但开发大的产品就力不从心了。而我们，有大学打下的基础，同时除了研发产品，我也没有别的特长，卖鸡蛋我不如老太太，打牌我没兴趣，搓麻将我看不懂。除了一周看一本武侠小说来换换脑子，休息一下，其他的时间我就是做科研开发。张董也没给硬性的指标，这样我反而有兴趣和灵感。”

当记者问起叶所具体的产品研发时，他说："先是学习啊！前些年，我没事就到国外同行的网站上，琢磨他们的产品。现在，外国人也搞不出什么好东西了，最好的产品出自我们之手，我上他们的网站就少了！然后，就去参观世界各地的展览会，我们把机床行业的技术引入纺织机械行业就是受此启发。还有就是不断的改进。当年，福特汽车刚问世时，简单得根本不是马车的对手，但经过不断的成千上万次的改进，今天汽车在人们生活中的作用怎么说都不为过！”

“有时一两个小时在电脑前发呆，有时又能连续在电脑前画上一两天。时间长了，的确留下了腰肌劳损的毛病！不过，看到自己的成果获奖了或有好的销路。自己的那种‘无聊的荣誉感’是得到了满足！大型的机器一般要四五个人或者更多，团结协作才能成功！我的职大学弟刘永宏、徐传功、司朝彬、张家秀、陈福芹等工程师，就和我有过多次合作研发的经历。”

叶燕平所长给记者介绍了烫光机开发的事。“以前有家生产烫光机产品的公司叫高密公司，一台机器要 220 万，这还不是最贵的，德国有家生产同样产品的公司叫黑格公司，一台机器要 400 万。我们当时提出要做‘中国的高密公司’，我们开发出的机器卖 38 万一台，每台利润可赚 15 万。两年时间，把他们打下了竞争的擂台。现在高密公司已经破产，黑格公司现在正忙着要把他们的商标卖给我们，退出此行业。我们呢，产品从一个发展到十几个品种！”

说完和国外公司较劲的事情，叶燕平所长又说起国内行业洗牌的事情。“其实，纺织机械这个行业很一般，所以进入的门槛并不高，生产厂家也比较多。比如启毛机的生产，国外德、日、法、意多家生产。1997 年，国内生产厂家多达十几家，但产品的档次比国外低很多。我们经过技术攻关，把一台机器上用一台电动机改成了用七台电动机的，并且在国内第一家使用了电脑控制。电脑控制当时在机床行业已经不是什么了不起的事情，但在纺织机械行业就是新东西，这比西方发达国家仅仅晚了两年。原来，操作这种机器要有经验的师傅学习两到三年，但现在新工人只要学习 10 分钟，大大提高了生产效率。产品价格和利润都提高了一倍，目前国内生产此类产品的厂家只剩下两家：鹰游统治着高端产品，浙江一家公司生产低端产品!”

多年的科研开发,叶燕平凭着扎实的学识功底、浓厚的兴趣、不知疲倦的钻研精神给公司做出了自己的贡献,一连串的获奖成果也记录了他精彩的人生:

2001 年,MB342 型六辊磨毛机获江苏省科技进步奖;2003 年,MB345 型起柔磨毛机获江苏省科技进步奖;2005 年,《曲柄摇杆式摆布机的改进》发表于《印染》;2007 年,MB331G 型启毛机获中国纺织工业协会科技进步奖……

我们生产工艺科做的事其实就是把图纸变成实物的纽带。我个人很普通,眼睛近视很厉害,上学时成绩也就是第十名左右。我的家庭条件不是很好,所以我最初的愿望很简单:不用家里人养活!

——生产工艺科科长陈仁语

比起 1993 年毕业的叶燕平所长,1997 年从我校机电系机械制造专业毕业的陈仁是个小师弟了。陈仁的语言朴实,说起自己的家庭、学校、老师,话语不多却充满感情;说起自己的天分、成绩、工作,更是平平淡淡、安安静静。

他说到自己的母校,清楚地忆起他的老师们。“我的班主任是王克武老师,他也教过我们《制造工艺学》;另外,像时建国老师带过我们《材料力学》、《理论力学》等,也给我们留下了深刻的印象。我永远感谢他们!”

记者让他聊聊他的家庭和个人时,他平静地说:“我个人很普通,眼睛近视很厉害,上学时成绩也就第十名左右。我是灌云人,家庭条件也不是很好,所以我最初的愿望很简单:不用家里人养活!”

就像他自然朴实的话语一样,他介绍起他的经历和工作来也显得平淡无奇。1997 年到 1999 年两年半的时间他就在车间一线工作,操作机床、磨床等。但十年前的大学生还比较少,在车间第一线的并不多。那时的陈仁,天天在车间操作机床,操作着外人看起来枯燥的那些动作。许多大学生干不了两个月就跳槽了,但陈仁坚持了下来,逐渐成长为一名出色的技工。

因为工作出色,1999 年以后,陈仁调到纺织研究所所属的工艺科担任副科长,一年多后出任工艺科科长。记者让他回顾一下他的成绩,他说:“我在工艺科八年多时间里主要做工艺编制、工艺改进和攻关、工装设计、工艺进步。”

新产品工艺编制与攻关方面，共完成约五十多种新产品和许多特殊定做产品的工艺性审查、工艺编制、工时定额、材料定额。完成新产品试制，对新产品的关键件和重要件进行工艺攻关，进行工艺研究。比如，有的产品要求高频淬火，陈仁和他的团队研究了多种方案后最终确定外加工，并为外加工找到外协厂家；有的产品无法加工，他们又进行工艺研究，最后定下外加工线切割，并帮助外加工厂家成功加工；有的产品必须进行工艺攻关，解决了外加工中出现的难题，保证了产品质量。

老产品工艺改进和工装设计使用方面也做了许多工作。比如，他们经过考察，决定对烫光棍经磨床磨削后再用千叶轮抛光，烫光棍粗糙度可达镜面，提高烫光辊的使用性能和美观性能，从而提高烫光机的档次。再比如，分丝辊直槽粗糙度要求很高，槽比较窄，他们就做了专用工装抛光，保证加工质量。设计专用的机架件安装调试工装，解决了机架件缺件和无法安装的问题，提高了安装效率。直槽烫光辊辊体铣削工装，解决了辊体铣削问题，提高加工粗糙度，也提高了产品的档次。

工艺进步一直是陈仁和他的团队关注的焦点。公司一直使用焊接式车刀，为了提高刀具耐用度和生产效率，节省刀具材料，降低生产成本，陈仁带领他的团队以硬质合金不重磨机夹刀代替原焊接式车刀，数控机床和加工中心将采用高速、高效的进口刀具来提高数控机床和加工中心的利用率。他们还加大对数控机床和加工中心的研究，扩大其应用范围，对于关键件、复杂件、质量不稳件尽量使用数控机床和加工中心加工来保证产品质量，满足加工的要求。工艺上加大攻关力度，陈仁要求包括自己在内的每个工艺人员提高自身业务能力，不怕吃苦，经常到一线去和老师傅一起干，从而完善其工艺，同时也提高自身业务能力。

这些技术成果，有的很大，大到对整个生产的操作流程进行了颠覆；有的很小，仅仅是一个小小的改进，但就像点点滴滴的水珠，一点一点地渗入一棵大树的根系，从而保证了大树的枝繁叶茂。

聚沙成塔，集腋成裘，陈仁的工作和他的为人一样，普普通通、安安静静，但的确，就在这普通和安静中间，成就了陈仁的精彩人生。

（郑硕　采访于2008年5月）

鹰击长空

——记连云港鹰游集团我校毕业生团队(三)

李学波　连云港鹰游集团纺机研究所所长(电子方向)

籍　　贯:江苏省灌云县

院系专业:机电系(现机电工程学院)自动化专业1991届

最艰难也是最骄傲的事情:启毛机的研发

座 右 铭:没有人能随随便便成功

没有人能随随便便成功！我上大学时，我们系的严格是出了名的。现在，我回过头再来看过去的大学生活，觉得自己一辈子都得感谢那些对我严格要求的老师们。我宁愿学了没用，也不愿用时没学。

——鹰游纺机研究所所长李学波语

比起93届的叶燕平、97届的陈仁，91届的李学波大概是我校在鹰游公司的校友中资历最深的学长了。目前，李学波和叶燕平作为我校的毕业生，同在鹰游集团的纺机研究所任所长，李学波主攻电气控制方向，叶燕平主攻机械制造方向。他们俩珠联璧合、相得益彰，常常是一个产品凝结着他们俩共同的心血。

说起和叶所的合作，李所讲了一个他认为最具代表性的例子——启毛机的研发。公司以前主要生产烫光机、烫剪机和剪毛机三大系列产品，而这些产品，基本上以购买图纸生产为主，很少自己研发。1997年，公司瞄准世界最高水平，开始全力研发启毛机。而此产品的研发就是以我校毕业生为主力，其中机械部分由93届机械专业毕业生叶燕平负责，电气部分由91届自动化专业毕业生李学波负责。

说起他领导的团队来，浓眉大眼、操着一口较浓灌云方言的李所笑道："其实，不光我和叶所有密切的合作，就是我带的主攻电气控制部分的四人团队也是以我们职大的毕业生为主组成的，四人中三个是我们学校毕业的。91届的我，92届的安全胜工程师，93届的刘秀娟工程师。"

说起启毛机的研发，李所感慨道："目前，启毛机是我们公司的主导产品，销量和利润占了公司的半壁江山，但是从1997年开始研发，到2002年才真正走向成熟，其中走的弯路，其中的酸甜苦辣真是难以言尽。"

原来，当时启毛机在国内已经有生产，如上海的四纺公司、浙江海宁等地的公司，但产品的档次都不高。1997年，鹰游参照意大利的设备进行自主研发。在机械方面，原来的启毛机是一个电机带许多齿轮，要经常换外挂轮，换时就要停机，鹰游研发的启毛机却是独立传动，没有外挂轮，每个轴都有电机带动。在电气控制方面，首次采用变频器控制，可调节电机转速。

也就是说，从理论上，鹰游纺机研制的启毛机，在机械和电气方面都有革命性的变化，可以说彻底颠覆了原来的启毛机设计方案，在世界上都是领先的。特别是"串口通讯技术"控制系统，连国外也没有。但仅有理论是不行的，也许是因为迈的步子太大，使用的新技术太多，同时对企业一线了解不够，产品开发后很长时间内因为故障率高、无法正常使用，使鹰游纺机公司吃尽了苦头。

李所说到了这里，停下来和记者开玩笑道："叶所大概没和你说这些'走麦城'的事情吧？我和他当年承受的压力只有我们自己知道。"

比如，电气控制方面的研发。他们预计用两周时间完成，结果两个月也没有完成。催命的合同已经订出，全厂上下都眼睁睁地等着他们交出研发结果，好组织生产，压力可想而知。李所说："大冬天，下大雪，每天干到夜里十一二点。常常夜里才想起来肚子饿，头昏昏地满大街找吃的。"两个月以后，电气系统终于研发出来，但做出来的结果并不成熟，无法满足生产需要。

李学波(在欧盟总部前)

李所回忆道："记得当时叶工新婚不久，到广州去调试产品，预计 7 天，结果待了一个月，常常从下午 3 点干到凌晨 3 点。还有一次，为了给人家调试产品，我们在福建石狮的厂家待了半年。更惨的一次，我们在河北围场蒙古族自治县，因为我们的产品质量无法过关，人家把我们扣下了，要求退货赔钱，最后惊动了公安部门。厂里要求我们把机器调试好，可不管我们怎样做，都永远无法正常使用！那时候的压力，那时候的焦头烂额，怎么说都不为过！"

但他们没有选择退缩，而是选择了永无停止的摸索、改进，摸索、改进……产品逐步走向了成熟，而一旦他们从青涩走向成熟，便没有了对手。

他们使用的减速机经常坏，叶所经过反复研究，改用皮带轮代替减速机，不仅大大降低了成本，而且故障率降低了一半。再把皮带轮由B型改为C型，皮带的使用寿命加长，维护时间缩短，故障率再次大幅下降。

在电气控制方面，他们原来使用的是西门子的变频器，故障率为百分之二十，供货方认为故障原因是我们国家的电网电压波动大，工厂粉尘大、高湿热，环境恶劣。他们又不可能把启毛机放在空调房间里，那样成本太高，因为合同里没有明确规定，鹰游公司损失了上千万。后来他们选用了丹麦的“丹佛斯”品牌，并且在合同上明确对丹麦方提供的机器的故障方面提出了要求，提出如果运行时候的故障率超过了合同规定的要求，鹰游公司有权索要超过对方产品价格一倍的赔款，结果把启毛机的故障率降到了千分之一以下。

问及启毛机的后况，李所颇有些总结意味地说：“从1997年研发，到2002年产品真正成熟，我们花了大约五年的时间。欧洲的产品卖180万，韩国的卖60万，我们的卖18万。他们的质量还不如我们，我们的售后也更及时，所有重点地区都有维修人员。结果不言而喻，市场被我们横扫！对手被我们逐出了市场！”

当李所和记者聊完他和叶所那饱含酸甜苦辣的启毛机时，他话题一转“倒叙”起自己的大学生活和自己的成长历程。自己1991年从职大毕业先到连云港市水利机械厂负责机械设计；1994年进入连利水表厂负责机械维修；1996年调到鹰游公司，先到车间，搞产品安装调试，2000年到鹰游纺机研究所。“原来，公司的规模小，无专门的电气设计，一般都委托矿专（现并入淮海工学院——编者注）来设计，后来规模扩大，我和同样是职大毕业的安全胜工程师调入了研究所负责电气设计。你看，我做的一切都没有离开我的大学，我的专业！”

李所扬起头，回忆起他的大学生活，好像那一切既遥远又亲近，既零碎又完整：在校园后面的池塘里抓了二斤鲫鱼；小河里有龙虾，空地上有菜地；1988年学校招了大约200名学生；第一次军训，晒得像非洲黑人；进校时主楼建到一楼，二年级到主楼上课；顾强老师的《机械设计基础》课，周文彬老师的《精轧管变流技术》课，张家超老师的《专业英语》课……

“真的，没有谁能够随随便便成功！我上大学时，我们系的严格是出了名的。现在我回过头来再来看过去的大学生活，觉得自己一辈子都得感谢那些对我严格要求的老师们。我宁愿学了没用，也不愿用时没学！”李所由衷地说道！

（郑硕　采访于2008年6月）

鹰击长空

——记连云港鹰游集团我校毕业生团队(四)

张家好　中复神鹰碳纤维有限公司碳化车间主任

籍　　贯：江苏省东海县

院系专业：机电系(现机电工程学院)机械专业 1997 届

最难忘的事情：自己一步步走过来的历程

座 右 铭：流自己的汗，吃自己的饭，靠天、靠地、靠父母，不是好汉！

我记得我每一次变换单位的具体时间，因为那代表了我一步一步走过的路程！我把我自己的这个路程告诉我手下的工作人员：你做得好自然就会被承认。的确，态度决定一切。就像我的老师告诉我的教育家陶行知的名言：流自己的汗，吃自己的饭，靠天、靠地、靠父母，不算是好汉！普通和神奇并非不可以转变，只要你踏踏实实地奋斗！

——中复神鹰碳纤维有限公司碳化车间主任张家好语

选择张主任做记者的采访对象，有一部分原因是为了满足自己的好奇心：碳纤维！这种充满神奇色彩，得到胡锦涛总书记关注的高科技产品到底是什么样的物质？同样，天天与这种充满神秘色彩的产品打交道的我校校友又是怎样的呢？

而我自己知道碳纤维，也是因为鹰游纺机集团董事长、中复神鹰碳纤维有限公司董事长张国良先生在我校北院报告厅的那场报告。在那场在我校校园里引起轰动的报告中，我第一次知道了碳纤维！现在，采访让我有机会再次走近神奇和神奇的制造者！

但当我们的话题开始的时候，当碳纤维的神奇光环还在闪耀的时候，它的制造者的光环就在我的眼前褪尽。因为，说句不客气的话，中复神鹰碳纤维有限公司碳化车间主任张家好工程师就在我面前展现了他平平淡淡、普普通通的一面。

1994年考入我校机电系，1997年毕业，不管是在大一的班主任及秀琴老师那里，还是在大二的班主任徐敌敌那里，或是在大三班主任王克武那里，用张工自己的话说："老师对我们非常好，但我真的只是一个普普通通的学生！除了是校足球队的后卫，我们还组织过一个叫'水手'的足球队外，我没啥亮点。"但当我们把他的成长过程用枯燥的时间连接起来，就又会发现其中不平凡的地方。

1997～1998年，毕业后没找到合适工作，在家待业。

1998～2000年，在连云港市针织内衣厂工作，后企业破产，失业下岗。

2000～2002年，没有固定地方，短期打工为生。

2002年5月始，进入鹰游公司子公司飞鹰毛毯，在车间当工人。

2002年6月始，干了一个月，因为表现突出，升为班长。

2003年3月10日，到技术科做技术员。

2004 年 1 月 7 日，回到车间做车间主任。

2006 年 9 月 26 日，调到中复神鹰碳纤维有限公司任碳化车间主任。

“我记得我每一次变换单位的具体时间，因为那代表了我一步一步走过的路程！我把我自己的这个路程告诉我手下的工作人员：你做得好自然就会被承认。的确，态度决定一切。就像我的老师告诉我的教育家陶行知的名言：流自己的汗，吃自己的饭，靠天、靠地、靠父母，不算是好汉！”张工评价自己道。

记者也注意到了，他脱口而出地精确到了哪月哪日的时间。的确，他有过待业、失业的经历；在车间第一线踏踏实实地干过，从工人、班长、车间主任一步一个脚印；作为大学生，他做过技术员，利用自己的知识研究过产品。人生需要历练！水到渠成，当他历练到那个层次以后，他的人生也就自然在那个层次了，无需强求，一切来得非常自然！

他把自己的人生感悟和他手下的后来者说：不要以为自己是大学生就眼高手低，做事不要三心二意，从操作工开始并不是坏事，一步一步踏踏实实就是最好。同样是职大毕业的他的 2000 届的学弟杨军就深受他的影响，得到了他的帮助，也成了他在车间时的徒弟，从操作工成长为班长，张工做车间主任时，向公司推荐他顶替自己干过的技术科的岗位。

我们又回过头，谈起那个神奇的碳纤维！

张工先给记者启蒙。先从石油中提炼出丙烯腈这种化工原料，然后通过高温加催化剂的聚合反应，生产出用于碳纤维的原丝，原丝中包括了碳、氢、氧、氮四种元素，最后通过高温 100℃到 1300℃不等的高温，从原丝中去除其他三种元素，最后生产出只有碳元素的碳纤维产品！

碳纤维产品作为一种原料，每根丝要比头发丝要细很多，具有高导电、高耐磨、轻质量的特点。按照其强度的不同，分成不同的质量层次，广泛运用于各种领域。低端产品就可以用于民用，如制造自行车、高尔夫球杆、钓鱼竿、网球拍，不仅非常轻，而且更加结实；如制造的汽车刹车片，因为其高耐磨，使用寿命是普通刹车片的数倍。其高端产品被广泛运用在军事、航空航天等领域，如制成头盔、防弹衣，因为其强度大，更不容易被打穿；如做成坦克、航母的外壳，其重量减轻一大半，行驶速度会有大幅提高，且更不容易被击毁；我国“神舟”飞船就大量使用了高品质的碳纤维。

但目前，世界上只有少数国家和地区能够生产碳纤维，其中高品质的产品只有美国和日本能够生产，但他们对我国进行知识封锁，不光在技术上严格保密，而且在产品上严格控制。即使我们愿意花费大量外汇，要想买到高品质的碳纤维产品都非常困难，这严重制约了我国相关行业的发展。

当记者问起我国和中复神鹰的碳纤维的研发生产情况时，张工有些自豪地回答："在国内，我们是老大。从国际上看，日本从20世纪50年代开始研发，到70年代开始生产产品，用了20年，我们这个过程只用了两年。我们现在有三条生产线，两条100吨，一条20吨，总年产量是220吨，我们要在3～5年内达到年产量1000吨，我们的终极目标是年产量3000吨。"

"不过，"张工的话题一转，沉稳地说："我们产品的质量目前还只能达到民用层次，要想生产出更高质量的碳纤维，在技术上还有很多的路要走。民用品是20多万元一吨，军品是2000多万元一吨，差100倍。更重要的还不是钱，如果我们掌握了高品质碳纤维的核心技术，我们在国防等许多关系到国家安全的领域就不会受制于人。这就不难理解为什么总书记在接见我们董事长的时候，会有那么语重心长的嘱托！"

但在高利润、高荣誉的背后是极大的市场风险。张工告诉记者，安徽有一家企业研究了十年碳纤维，投入了上亿的资金，最终没能生产出合格的产品，最后企业破产。现在，他们企业每天的运营成本在5万元，每天的电费就得1.3万元。张工自嘲地笑道："碳纤维在碳化过程中，是用高温热气体进行无火燃烧，但那可是真正的'烧钱'！"张工指着自己的头发说："我天天在车间里琢磨碳纤维碳化过程的工艺，那里的温度很高，你看，我的头发都被烤得焦黄！"

我抬头一看，果然，坐在对面的张工的头发是焦黄焦黄的。无需多言，为了碳纤维，他付出了多少，在这一瞬间，好像一切都明白了，在普通与神奇之间，他为什么能够实现神奇的跨越！就好像他——张家好——一个普普通通的大专生，一个曾经失业、待业的平常工人，完成了到一个研究和生产对于企业和国家都很重要的高科技产品的技术人才的蜕变，而他研究的充满了神秘色彩和神奇作用的碳纤维，终于也会有一天在他的手中，完成从神秘、神奇到普通、平常的改变！

原来，普通和神奇也并非不可以转变，只要你踏踏实实地奋斗！

（郑硕　采访于2008年6月）

鹰击长空

——记连云港鹰游集团我校毕业生团队(五)

徐同强　连云港鹰游集团生产协调部部长

籍　　贯：江苏省赣榆县

院系专业：机电系(现机电工程学院)机械专业 1997 届

座 右 铭：做人要方，做事要圆；尽我所能，成我所事

我最初的目标很简单：养活自己！根本不会想到今天会管理十来个车间、几百号人！我尽力把事情做好，原因也很简单，我想证明自己能做好这件事，赢得人们的尊重！我不想让人家说自己是个“甩子”！

做人要方，做事要圆！只要我尽力把人和事都做好了，也就无怨无悔！至于能成多大的事，尽力就行。我想：只要有好的过程，结果就不会差到哪里去！同时，我有自知之明，并没有那些不切实际的想法，我就不会有太多的挫败感。我只是尽我所能，成我所能成就的事情。

——鹰游集团生产协调部部长徐同强语

和大多数一口气读完从小学到大学的学生们不同，我校机电系（现机电工程学院）97届机械专业的徐同强有过一段特殊的人生，中学生活中穿插了一年辍学的经历。别看现在他是鹰游集团生产协调部部长，那时的他却是个少不更事的少年。他辍学不是因为别的，仅仅是因为教自己的那个老师不是自己原来最喜欢的那个老师而已。他自己生性耿直，加上少年幼稚，在这一年的时间里，他不是离家出走，不是沉迷游戏，也不是成为不良少年，他的故事很特殊——在这一年里，他出海打鱼，成了一位搏击风浪的渔民。

说起自己一年的渔民生活，世代生活在江苏省东北角的赣榆县海州湾畔，以出海打鱼为生的徐同强的前辈们给他留下了渔民们的特质：质朴、豪爽、勇敢、坚韧。记者从徐同强的介绍中，明显感受到那一年在大海上飘荡的生活带给他的人生的启发和影响。

“一个人是很渺小的，也是很不容易的，你不可能为所欲为。在苍茫的大海上，一叶渔船就像漂浮着的一片树叶，一个人就像树叶上的一只小虫子，非常渺小。”徐同强抬起头，目光深远，好像回到了十几年前的少年时代，“在海上飘着的时候，我最大的感受第一就是孤独和自己对孤独的忍耐，有的时候，觉得能忍受住令人疯狂的孤独真是不容易。我那时最想的事情就是希望看到汪洋中出现一块岛屿。二就是感到团结协作是很重要的，有些事靠一个人是什么也做不成的，就像一些人共同在一条船上，只有大家一起做，才能成功！”徐同强笑得很朴实，“难怪人们会把许多利益相同的人在一起做事说成是‘上了贼船’，这和绑在一起的蚂蚱是一个意思。话糙理不糙啊！”

明白了许多道理的徐同强回到了校园后顺利完成了高中学业，1994年，徐同强考入我校机电系机械专业学习。说起大学的生活，徐同强印象很深的是老师。他回忆起江飞舟老师，他上的是《机械原理》，王克武老师，他上的是《加工工艺》。说起自己魂牵梦绕的班集体，他谈起了两次印象很深的事：一次，系里搞拔河比赛，在这个男生占绝大多数的系部里，他们班有33个男生，11个女生是比较多的，可是他们班在完全不被看好的情况下，竟然拿下了冠军；还有一次篝火晚会，他们买了一桶汽油，结果把篮球场烧得裂了一块。说起自己的大学生活，他印象最深的却是一次失败的经历：他参加计算机考试，全班有11个人报名参加，有2个人通过了理论考核，这两个人中就有他，但结果上机操作考试，两个人都没过。“我考了两次，没有成功！”徐同强感慨道：“机器太少，要排队到夜里两点才可以上机操作！”当记者告诉他我校新校区建设的情况时，他感叹母校变化的巨大，为母校的发展而感到骄傲。

1997年，徐同强毕业了，恰逢现任鹰游集团董事长的张国良到学校招人，徐同强成了被招募的一员。到现在已经是11年了，从1997年一名普通的车间工人，到1999年10月工艺科的一名管理人员，到2000年开始做车间主任，再到旗下有10个车间的生产协调部部长，徐同强一步一个脚印，踏踏实实，默默奋斗，使自己的人生历程既精彩又充实。

今天，徐同强和他的副手张倩(我校2000届毕业生)管理协调部的工作。下面有10个具有不同生产流程的纺机车间。这些车间的年销售额达到了2.3亿元。谈起公司的优势和劣势，徐同强用一句话感慨：“船大抗风浪，船小好掉头！”

徐同强解释道：“鹰游公司目前光纺机系列就有启毛机、烫剪机、烫光机三大系列。品种全，规格多。有些企业有一些特殊需求需要定做一些产品，而这些产品并没有形成批量生产，因为公司有强大的研发、生产、销售和售后能力，许多厂家宁愿多花点钱也愿意购买我们的产品，甚至会因此满足我们提出的一些附加条件。就好像到市场买菜，如果品种不全，少一块生姜你也得再跑一个地方。我们公司，庙大店大，纺机类的产品基本都能配全，售后服务网点也遍及全国，这就是我们的优势！”徐同强话题一转，“劣势当然也很明显，我们的效益和上游原料的价格、进出口汇率的变化、下游企业的繁荣程度等大背景有很大关系，并不是我们自己能决定的，这些就是我们的劣势！”

徐同强要做的就像他的职务一样，协调好各车间的关系。根据销售决定生产的原则，公司最好实现“零库存”，但这是理想状态！而除了旺淡季外，订单是没有规律的。订单多的时候，活做不完；少的时候，就没活干。同时，各专业车间的活也是没规律的，有时候有的车间忙不完；而在同一时间，有的车间没事干。同时，工人基本是拿计件工资的。如何调配好生产的时间、生产的车间，做到既能完成生产任务，又能让工人都有饭吃；既能尊重劳动，又能尊重人本身，而要做到这些，做好这些，并不是容易的事情。

说到做人，作为北方男人的徐同强直言自己的人生理念：“做人要方，做事要圆！只要我尽力把人和事都做好了，也就无怨无悔！至于能成多大的事，尽力就行。我想：只要有好的过程，结果就不会差到哪里去！同时，我有自知之明，并没有那些不切实际的想法，我就不会有太多的挫败感。我只是尽我所能，成我所能成就的事情。”

“我最初的目标很简单：养活自己！根本不会想到今天会管理十来个车间、几百号人！我尽力把事情做好，原因也很简单，我想证明自己能做好这件事，赢得人们的尊重！我不想让人家说自己是个‘甩货’、是个‘甩子’！”——徐同强用两个幽默而生动的家乡词汇概括了自己的人生心得。

回到家，记者打开《现代汉语词典》：“甩货——动词。因换季、拆迁、产品更新换代等原因，为使商品及早脱手，商家低价抛售商品：清仓甩货、夏装两折甩货。”记者没有查到有关“甩子”的解释，到网上“百度”一下发现：甩子也叫痞子，地痞、流氓的一种。很明显，徐同强说的“甩货”用作了名词，而甩子就是甩货的意思。

显然，这是朴实的想法，却也是精彩的人生！

为什么在一个年销售超过3亿元的实业帝国里，从商品研发到组织生产，从传统行业的销售到高科技的转行，其中的中坚、骨干力量绝大多数都来自我校。企业中层十多人，工程师十多人，这种现象应该绝对不是偶然的。如果说是偶然的，其中必有必然性。如果说有必然，那么其中的必然又在哪里呢？

记者每一次采访，也都向被采访对象提出这样的问题。也许是出于谦虚低调的原因，他们的回答往往更多地强调外在的因素。比如改革开放给了他们更大的舞台；近些年纺机行业有过大发展的过程；近些年连云港经济的迅猛发展给许多人带来机会；还有我校机械等专业人才培养在本地相对较集中，等等。那么，其内在的因素是什么呢？通过采访，记者感受到，他们中的许多成功者还是可以概括出一些共性的东西，虽然未必准确，但把这些感受写出来，也许对我校以后的人才培养，对后来的学弟学妹们走向社会、走向成功会有所裨益吧。

对自己的人生，他们都有准确的定位

今天，大学教育已经从精英教育变成了平民教育，大学生也从“天之骄子”变成了普通民众。而我校的鹰游集团毕业生中的成功者可以说多年前已经完成了这种定位。这其中，固然有我们学校仅仅是一所普通专科学校有关，更多的是他们在学校时就接受了这种现实的教育。的确，学校教育应该和社会接轨，这种接轨不光是在知识上，更应该在心理上。我校的许多毕业生对即将迈入社会后所面临的竞争有了比较充分的认识和心理准备。在知识的学习上，动手能力、应用能力的强调，使他们比起许多名牌大学的毕业生来占尽了先机。生产工艺科陈仁说：“我最初的愿望很简单，不要家里人养活！”准确的定位是他们没有了许多大学生的通病：眼高手低。而应用能力的加强是他们比起许多名牌高校的毕业生有了优势：眼低手高！

面对艰苦的环境，保持良好的心态

对自己有了准确的定位以后，面对艰苦的环境，他们大多能保持良好的心态。年轻人的热情就像柴草点燃的火焰，烧得快也灭得快。按照叶燕平所长的介绍，1993 年进厂的时候，鹰游的前身连云港纺织机械厂的效益并不好，三分之一的时间不上班，工人有卖菜的、有跑摩的的、有蹬三轮的，但叶燕平等人并不气馁，把大多数时间都用在产品的研发上，最终帮助企业走出困境，自己的人生也因此精彩。叶燕平也以他的人生经验告诫后来者：“现在的大学生，许多人头一年就换了两三个单位。但太浮躁，这山望着那山高，不能伏下身子，踏踏实实地做事，或者在待遇方面急功近利地提出许多不切实际的要求，几年下来，业务上两手空空，基本上就废了，心态也就更坏！”记者发现，目前在鹰游集团里比较成功的我校毕业生，几乎无一例外都在车间基层干过，他们中有 1991 年、1993 年、1997 年的大学毕业生，十多年前,能有这样的心态的并没有多少,这也许就是他们成功的原因之一吧!

面对困难,他们有异乎寻常的韧性

就像李学波所长所说:“没有人能随随便便成功!现在,再回过头看过去的大学生活,觉得自己一辈子都得感谢那些对我严格要求的老师们!我宁愿学了没用,也不愿用时没学!”不光是在学习上,工作中面对困难的韧性,也是很多人不具备的。比如,启毛机的研发,从1997年开发出产品到2002年产品的真正成熟,无数次的失败,从工人在车间等待他们开发的产品图纸出来好生产,到被用户扣在异乡无法回家,承受的压力怎么说都不为过。但他们有韧性,“不放弃,不抛弃”,最后终于得到幸运女神的青睐!年纪轻轻,从事科研开发的叶所长是一头花发,而因为天天在高温的车间里承受灼烤,碳纤维车间主任张家好的头发呈现出明显的金黄色。没有不同一般的韧性,这些都是难以想象的。

一步一个脚印,踏踏实实地努力

他们中的许多人都是从基层做起的,而这些看起来并没有多少光彩的履历,连接起来就成了他们一步步走向成功的台阶。记者印象最深的就是张家好主任的履历表:大学毕业以后在家待业一年,工作后不久企业破产自己又失业,没有固定的地方靠打短工为生两年,进入鹰游后在车间当工人,干了一个月因表现突出成为班长,干不到一年因为懂技术被调到技术科做技术员,干了约一年回到车间当主任,两年后调到新成立的高科技企业——中复神鹰碳纤维有限公司碳化车间主任。这份履历说出来就是张家好主任一步一个脚印,踏踏实实走向成功的过程。也许,比起许多大富大贵、大红大紫的大腕们,即使他现在的成功,也是微不足道的,但是,他这样就是他人生价值的实现,他的人生一定很出色、很成功、很充实!

团结协作精神,成就了企业,成就了团队,也最终成就了他们个人

今天的社会,许多事情的成功是一个系统工程,仅靠一个人的力量是无法完成

的。启毛机电研发时，主攻电气控制方向的李学波所长，他带领的团队里四名研究人员有三名是我校毕业生。在说到启毛机成功研发的艰难和成功的喜悦时，记者注意到，李所说的最多的不是他自己，而是他的合作伙伴——主攻启毛机研发机械方面的负责人叶燕平：叶所新婚不久就到广州区调试产品；叶所反复研究，用皮带轮代替减速机，不仅大大降低了成本，而且故障率也降低了一半；叶所把皮带轮由B型改为C型，皮带的使用寿命加长，维护时间缩短，故障率大大下降。李学波作为启毛机电气控制方向的负责人，其实重要性和贡献是毋庸置疑的，但他说的好像都是自己合作伙伴的贡献。有这样的合作团队，何愁研发不能成功！

……

叶燕平、李学波、陈仁、张家好、徐同强……这都是一些普普通通的名字，可在这每一个普普通通的名字背后，都有一些不同寻常的故事。他们的每一步都是那么踏踏实实，他们的每一天都是那么平常而有意义。大火大热的电视剧《士兵突击》里的主人公说："活着要有意义，有意义就是好好活着！"他们——鹰游纺机我校毕业生团队——就是这样的一群人。

连云港的云台山和连岛之间的海峡叫鹰游门，这应该是鹰游公司名称的出处。当年，伟人毛泽东在大革命失败的白色恐怖中，在被敌人追捕的路上，在家乡湖南长沙的岳麓山下，面对秋色举目远眺，写下千古绝唱——《沁园春·长沙》。其中有名句"鹰击长空，鱼翔浅底"，一个"翔"字写出了鱼的自由自在；一个"击"字道出了鹰的强劲有力，充分表现出一代伟人的博大胸怀。而今天，鹰游公司的我校毕业生们，也就好像一只只在天空中搏击的苍鹰，他们奋力翱翔的英姿，成就了他们无限精彩的人生！

（郑硕　采访于2008年7月）

小兵过河赛大車

——记连云港楚风文化传播有限公司总经理 刘小兵

刘小兵 连云港楚风文化传播有限公司总经理

籍　　贯：江苏省兴化市

院系专业：经贸系(现商学院)财会专业2001届

座 右 铭：男儿当自强，男儿志四方

爱　　好：书法、音乐、读书

理想的人生：用奋斗佐证人生、用成功实现价值、用感恩回报社会

一

和刘小兵的相识纯属偶然，我新房装修时购买了他经营的建材。而这也属偶然，三年前我也曾使用过他经营的产品，几年了没出现任何质量问题。三年前使用他家产品更属偶然，我看到许多残疾三轮车上的广告："××管，管用50年!"，而当时，我并不知道管材还有什么别的牌子!

偶然促成我们的相识，而引起我好奇的是他的经营：他经营的管材是市场上最先进的铝塑管，是普通PVC管的替代品；他的产品明码标价，而且价格比别人贵很多，但是有时热卖得脱销；作为总经理，他却跑到施工现场里仔细检查工人的安装情况。

所以，后来当我无意中了解到他是我校毕业生时，采访的冲动一下子急切起来：作为我校商学院(原经贸系)财会2001届毕业生，身在异乡，短短七年，不仅能拥有自己的公司，而且把它做成一个著名品牌在港城的总代理，整个网络年销售量达到近千万！这其中有什么奥秘，给他的学弟学妹们又有怎样的启发呢?

二

坐在记者对面的刘小兵，中等身高，微微发福的身材，镜片后面闪烁着热情的目光，身着一件普通的不知什么牌子的T恤。谈起自己的创业史，他的话匣子一下子就打开了。

"我的创业史就是从我的母校——连云港职业大学开始的!"刘小兵开口的第一句话就吸引了记者的兴趣。"大二暑假，我在百货大楼北面开了家冷饮店，卖高乐高、冰淇淋什么的。"想起自己最早的创业，刘小兵话语中透露着一股快乐和骄傲："我到海州批发市场进开店的工具，到新浦开工厂的同学家以200元一月的价格租了两台冰柜。我还给冷饮店起了个很时髦的名字'冰之梦'。一个暑假下来，去掉场地费用、租金等，我还赚了几千。"这在当时，对于一个来自农村的孩子来说，并不是一个太小的数字!

但假期做生意毕竟是短期行为！大三时，刘小兵拿着自己的学生证到人才市场去找工作。连毕业证都没有就想找到工作？刘小兵的回答是："毕业证只不过是一张纸，你不试试怎么知道我行不行呢？"也许是他的话语，也许是他的勇气，引起了老板的兴趣，他顺利地进入了康发贸易公司，专门负责各大节日促销的创意工作！就这样，在许多大学生还在为工作发愁的时候，刘小兵已经拿上了800元一个月的底薪，加上可观的奖金了！

可就在别人以为刘小兵会在这家公司长期工作时，毕业前夕刘小兵却辞职了！许多人在为找工作奔忙时，刘小兵早已有了令人艳羡的工作；可在许多毕业生终于找到工作时，刘小兵却毅然决然地辞掉了工作！在乡镇企业做厂长的父亲告诉他："他厂里许多工作多年的工人，一个月也拿不到800块！"刘小兵却斩钉截铁地说："是的，我在这里现在就拿到800块，但也许永远只能拿八百块！我想自己创业！"

刘小兵这样说是有底气的，他早已对自己想从事的行业作了仔细的研究，他觉得教育和建筑业是阳光产业，也是他最感兴趣的！建筑产业需要的资金量比较大，自己白手起家，应该先从投入较少的教育业开始！他回到家乡兴化，做起了影视、教育产品的VCD、DVD等开发销售业务。公司共需资金约4万元，他向父亲借了8000元，向弟弟借了1.2万元，向同学借了2万元。他到一所所学校演示电子图书馆产品：电子读物、励志影片和课本配套的电子教材等。"我没有给领导送过一分钱的礼物！相反，反而是学校先垫资帮我进货！"刘小兵谈起大学毕业后的第一次创业，言语中仍然透着一种兴奋："没多长时间，兴化大多数中小学都配备了我给他们提供的电子图书馆！"

三

就在刘小兵事业蒸蒸日上的时候，他又做出了一个令人吃惊的决定：到连云港发展！刘小兵的爱人张卫茹是他大学同班同学，是连云港人，毕业后也在那里工作。长期奔波给家里带来许多不便，加上看好连云港未来的发展，刘小兵再次来到了这座他生活了三年的美丽海滨城市。他再次看到了自己的母校，在这里他收获了学业和爱情！他站在车流涌动的街头，暗下决心，他还要在这里收获他的事业！

机会总是给那些有准备的人的！一个盐城商人经营的××管总代理销售业务因为年销售额仅有40万，经营不下去急需出手，刘小兵利用自己在大学学到的知识分析市场，他认为建筑材料的经营正是建筑行业的延伸，是前景非常好的产业，而××管又是大品牌！他果断出手盘下了这个门面！

他接手后的第一步就是打响品牌，当时，建材行业做广告的很少，电视广告做不起，牌匾广告不流动！他经过观察，发现一个人们不注意的广告资源——残疾人车！当时许多残疾人车给他送货，每次赚两元。他在许多车上贴上他的广告，破损的免费更换。一个月下来，只要广告保留完整，就可以得到10块钱和一件广告衫。一时间，等贴广告的车子排成队！三轮车可以到大街小巷，可以到城市乡镇，流动性很强，广告效果很好！一时间销售额扶摇直上！

谈到自己的成功之作，刘小兵有点得意："我们是港城第一家在残疾三轮车上做广告的公司！我们之后，××也在残疾三轮车上打出了××剃须刀的广告，也取得了成功，好像现在他的剃须刀也算是港城一家颇有名气的品牌了！"说到这里，刘小兵幽默地说："××受了我们的启发，应该请我吃饭啊！"

刘小兵不仅启发了别人，成功也给他自己带来了启发！他又找到连云港佳连公交公司，在公交车上做起了广告！刘小兵总结道："在这座城市里，我们也是第一家在公交车上做建材广告的！原来，佳连公交还没有广告公司，这以后，他们成立了专门的广告公司，广告的价格也慢慢地涨了起来！你看，一个新的创意不仅能给你带来收益，甚至可能带动一个新的产业，给其他人带来效益！"

但仅有广告还是不够的，刘小兵迅速在整个连云港建立起一个覆盖城乡的销售网络系统，创业的初期是艰苦的！短短一年时间，刘小兵带着拉货的车子几乎到达了四县三区的每个乡镇，他几乎每个周末都出去，早晨一身霜，晚上满天星！同时，他给县乡的代理商进行培训，给他们压力的同时也给他们吃定心丸，解除后顾之忧。"我的手机、座机24小时开机，随时可以退换货！"我给他们提出的口号是："三年买房，四年买车！"刘小兵平静地说："我们是双赢的关系，他们赚得多了，我才能赚得多！东海县的代理，起初只有1.5万的资金，短短两年，年销售额已经到100万元了！"

四

成功并不是偶然的。通过交流，记者充分感受到他的阳光、好学、友善、助人、进取，他的吸引别人的磁场一样的人格魅力！

刘小兵出生在江苏兴化农村，因为地处里下河洼地，以前是一个十年九涝的穷地方。小时候的刘小兵第一次吃到方便面的时候感到了“震惊”，他开始向往外面的世界，他认为男孩子就应该到外面闯荡。20岁就从事手工绘图、到50岁才开始学习电子绘图的父亲更是给年少的刘小兵很深的影响，他深深地感受到：“男儿当自强，好男儿志在四方！”

光有远大的志向还不够，刘小兵还有着广泛的兴趣。“看书很杂，英语很差！”刘小兵评价自己的学习：“英语在农村学的，不正规！”读书的面很宽，如文学方面，他就非常喜欢鲁迅的作品，到了大二，他的阅读兴趣更多地转移到了经济方面，这也为他日后的成功打下了很好的基础。慢慢地，他的才华得到了同学们的欣赏，班级的黑板报老是出得不太好，班长让刘小兵试试，结果第一次就拿了全系评比第二！班级想在宣传部主管的“春之声”上上稿子，刘小兵试着写了一篇，一下子就播出来了！小时候，爸爸老是逼着自己练书法。招聘时，时下年轻人中已经很少见到的漂亮的毛笔字也让老板眼睛一亮！

性格也为他日后发展打下了良好的人脉关系，更主要的让他的路越走越宽！刘小兵是第二年考上大学的。重读的那个暑假，他带上几个没考上的兄弟应邀到考上大学的同学那里玩，有的同学不好意思，抬不起头，他却很阳光地说：“人家看得起你，你不能自己看不起自己！”他大学宿舍的同学并不是一个班的，军训时很偶然地聚到了一起，军训结束，弟兄们已经很铁了。于是，刘小兵找到邵磊老师那里，要求和那些同学住在一个宿舍。刘小兵经营的小店“冰之梦”的名字，其实也是宿舍同学集体智慧的结晶，是最后举手表决起的名字。他到兴化开始毕业后的第一次创业时，向同学借钱的方法也很独特，他把账号发给同学，让大家往账号上打钱。一个同学把手机借给他，另一位同学骑摩托车接送他到各个学校开展业务。

“老婆说我穿衣服就像小老头！”刘小兵自嘲道。他穿衣服从不讲究，也从来不到商场去买衣服。所有的衣服都是老婆从商场拿来让他试，合适的留下来，不合适的退回去！但他每年两次去市聋哑学校捐款。今年，汶川地震后，他自己到红十字会捐款，没有告诉任何人，直到收在柜子里的证书被公司的员工无意中看到才被发现。他到乡下和朋友谈生意，到朋友家后都是把家中的老人先请出来，安排在上座，嘘寒问暖。“金钱应该来自社会，再回到社会！”刘小兵说。现在，他回到家乡兴化，经常问及家乡的建设，为家乡的建设出谋划策。

能善待他人的刘小兵，对自己的爱人更是关爱备至！爱人张卫茹家中条件优越，“她是城里人，我是乡下的穷小子！”刘小兵回忆起当年的爱情，依然流露出幸福的微笑。“我和许多人不一样！恋爱时她听我的，结婚后我听她的！公司里许多员工都说她是董事长！”刘小兵总结他的婚姻经验：“女人本来就有依赖感，她们并不要什么权利，她们要的只是尊重！”

他也爱连云港——他的第二故乡。言谈中，他多次说到“我们连云港”，他现在不仅自己在连云港奋斗、生活，他还介绍自己外地的亲朋好友到连云港投资兴业、买房养老。他还热爱着给了他学业和爱情的大学。学校的每一点发展都让他兴奋和骄傲，他曾经带老婆和孩子观看已经拆迁的母校校园，当记者给他介绍新校区的发展情况时，刘小兵当即表示，一定会再去看看，因为母校是他的精神家园！

五

1998年进入我校，从在校时开冷饮店，到贸易公司打工，再到毕业后回家乡创业，再到发展成为××管在连云港市的总代理，短短的十来年时间，刘小兵走出一条好男儿的奋斗成功之路，他就像一个象棋棋局中的小兵，一步一步地向前拱、向前进。“小兵过河赛大車”，事业初成的刘小兵就像一只已经过河的小兵，不起眼却有着无尽的能量，向着自己的目标奋勇向前，永不回头！

采访结束后，刘小兵告诉记者，他仍然看好建筑和教育行业，同时，他将从流通领域进入生产领域。他和朋友合资生产的节能灯项目已经投产，生产的“××牌”节能灯比一般灯具节能一半以上，即将大规模投放市场！

（郑硕　采访于2008年9月）

我心飞翔

——记连云港市新沭河治理工程建设处综合科科长 尹 飞

尹 飞 连云港市新沭河治理工程建设处综合科科长

籍 贯：江苏省连云港市

院系专业：计算机系（现信息工程学院）计算机应用与维护专业1999届

座 右 铭：不要等待机会，而要创造机会。做对的事情比把事情做对重要

爱 好：摄影

偶然在一次私人聚会上，记者见到了尹飞。毕业多年，他的模样却没有多大的改变，见到母校的老师在场，欣喜之情溢于言表。闲聊中记者得知他的一些境况后，想把他作为我校优秀毕业生采访对象的想法不时浮上心头。

尹飞很忙，约他做采访，他抱歉地说要出差去山东，单位要去签一个重要合同，回来后再和记者联络。再次联络上他已是三天以后了，在匆忙的两个小时会谈中，记者被他对母校的真挚之情深深打动了。

“算起来，我们是最后一届拿着‘连云港职业大学’毕业证的学生了，我还是当年七个优秀毕业生之一呢”，提及往事，尹飞有丝抑制不住的欣喜。是啊，眼前这个斯文男子身上早已没了学生时代的青涩之气，却多了份沉稳和干练。看得出来，时间、社会教会了他许多东西，他却仍然保留着学生时代的那份真诚。

1996年，尹飞考入了连云港职业大学计算机系，在校三年间，他做过班长，系学生分会副主席、主席，“如果问我当学生干部能学到什么，我会很自豪地说全方位锻炼了我的能力，这种感受在工作中尤为深刻。前些天，我在家无意中翻到大学时的相册，回忆起当时组织的学生活动，真令人激动呢。”当时的系书记祁新荣老师、团总支书记蒋卫宏老师经常把活动思路告诉尹飞，放手让他们自己去做。从拿出计划到现场布置，从现场到幕后，自己每一个环节都要事先考虑清楚，生怕有一丝考虑不周，会影响了全系的学生工作。从战战兢兢到游刃有余，尹飞慢慢成熟了，逐渐成长为一名在校园中颇有号召力的学生干部。“记得大二的暑假，我作为学生干部代表参加了暑期军校，在部队接受军训，那段时光令人难忘。”记者与他同时笑了起来，当时记者送他们去的军营，两周后接回来十来个晒得像黑炭似的孩子，回校路上却滔滔不绝地给记者讲述他们鬼灵精怪的故事，让人捧腹。

1999年，刚毕业的尹飞遇到了一个很好的机遇，恰逢我市水利局招聘工作人员，顶着优秀毕业生光环的尹飞顺利通过考核，被分配到连云港市石梁河水库管理处。报到那天，尹飞早早就来到了水利局，带着喜悦与激动心情坐上了开往石梁河水库管理处的车，等车子停到管理处门口时，来时喜悦的心情已凉了半截。石梁河水库地处江苏东海、赣榆及山东临沭三县交界处，管理处位于偏远的水库边上，从新浦到管理处没有一条完整的道路，交通极不方便。管理处当时只有两排办公瓦房，条件十分艰苦，加之当时石梁河水库正在进行除险加固，工作起来晴天一身土，雨天一身泥，两个星期才能回一趟家，单位领导安排工作任务与所学专业又不对口，理想与现实的差距很快让尹飞意识到等着吃闲饭那可不行，要么不干，要干就要干到最好。在工作中不断学习成了唯一的办法，从办公室文字工作、档案管理、自动化控制维护、工程管理到组织生活，他一肩挑起了几副担子，写材料熬通宵是家常便饭，为了完成一项自动化控制维护任务，他能连着几天呆在中控室查阅资料、向专家咨询，直到设备正常运转，他勤奋、扎实的工作作风让他很快在工作中打开了局面。

尹飞(坐右者)在给回良玉(前排右2)等领导演示电脑控制系统

2002年，石梁河水库要上自动化监控中心，尹飞主动挑起了重担。计算机应用、电子信息、自动化监控、办公自动化、水利工程管理、水情调度等方面的知识成为他自学的重点，边学习边干活成了他生活最真实的写照。“2002年底石梁河水库加固工程结束后，水库主要工程建筑物南泄洪闸、北泄洪闸及5200米的大坝，全部实现了自动化监控。所有闸门的启闭，流量、水位、扬压力、大坝渗流等数据的采集，全部实现计算机自动化，此外，南、北泄洪闸及大坝所采集到的数据要全部传输到管理处中心控制室进行分析、存档。”他娓娓道来，这些指标早已烂熟于心，看得出来，这套自动化监控系统的建立、运行、维护和管理凝聚了尹飞无数的心血。管理处自动化监控系统投入运行后，时任江苏省委书记回良玉、水利部部长汪恕诚，现任江苏省副省长黄莉新、省水利厅厅长吕振霖及我市各级领导曾先后视察过石梁河水库，对水库自动化监控系统给予了高度评价。“我可以很自豪地说，石梁河水库的自动化系统在省里目前仍处于领先位置的。各级领导来视察连云港市水利工程，必去石梁河水库，去石梁河，必看自动化控制系统，它已经成为我市水利建设的样板工程了。”

2008年3月，因工作需要，尹飞调到了新沭河治理工程建设处，参加国家重点工程新沭河治理建设。该工程是淮河流域沂沭泗洪水东调南下工程中“东调”工程的主要部分，是沂沭泗洪水东调南下工程中的骨干工程。工程主要任务是将沂沭河洪水尽量就近东调入海，腾出骆马湖、新沂河的部分蓄泄洪能力，承泄南四湖南下洪水，以提高沂沭泗河中下游地区防洪标准，使防洪保护区的防洪标准从20年一遇提高到50年一遇，工程在连云港市境内投资达87278万元。主要工程内容包括：兴建三洋港挡潮闸，对太平庄闸下河道进行整治，新建富安调度闸、东站自排闸、大浦抽水二站、山岭房涵洞等。新沭河治理工程对我市的防洪保安以及沿海开发意义重大。“这次去山东就是为了工程做前期准备，对于我来说，能够参与这样规模的建设工程，是挑战更是机遇，我会牢牢抓住机遇，通过奋斗实现我的人生价值。”

“在工作中我也曾沮丧过，也曾失望过，但最终我还是坚信‘付出总有回报’，即使理想和现实之间差距很大，也需要我们每个人调整好自己的心态，找准自己的定位，不抛弃、不放弃，总有一天你会收获到生活给予你的甜蜜。”

“在职大，学习的专业知识也许是有限的，但我从很多老师身上学到了做人的真谛，这才是我一生最大的财富。”尹飞认真地告诉记者。他永远不会忘记时任计算机系书记的祁新荣老师在他成长道路上给予的帮助和指导，“直到现在，当我遇到困惑的时候，我都会和祁老师畅所欲言，她像母亲一样给予我关怀和帮助，在她身上我学到了许多许多做人的道理。”怀着一颗感恩的心，每年春节，尹飞必会带着爱人去给祁老师拜年，师生情谊可见一斑。

“母校的搬迁是件大事也是件喜事啊，老校区拆迁了，但留在心里的美好记忆永不磨灭啊，到明年我们毕业整整十年了，我们班同学都在嚷嚷着要聚会呢！”他开心地笑着。记者诚挚地邀请他和同学明年的金秋回到新校区，看看我们的新校园，看望我们的老朋友。

（韩燕　采访于2008年9月）

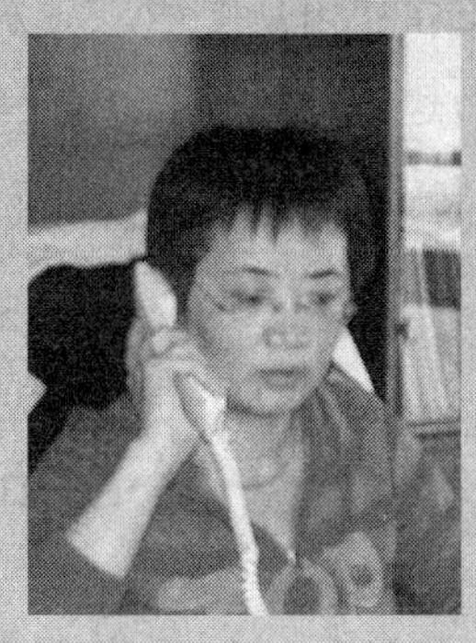

做自己的冠军

——记连云港中壹国际贸易公司

副董事长、副总经理　孙晓玲

孙晓玲　连云港中壹国际贸易公司副董事长、副总经理

籍　　贯：山东省潍坊市

院系专业：化工系（现医药与化学工程学院）有机化学专业 1987 届

座 右 铭：做自己的冠军

爱　　好：乒乓球

当记者走进龙河大厦2008房间孙董办公室的时候，她正在悠闲地上网。从办公室可以俯视整个城市的全貌，特别是郁郁葱葱的苍梧绿园，这个占地近500亩的江苏省市内最大的免费休闲绿地，像一块城市的绿肺吐故纳新，在金秋时节仍然显得生机盎然。

虽然是第一次相互面对，但我们的交流没有任何障碍。显而易见，记者面对的是个成熟的、老练而又坦诚的采访对象。作为贸易公司的老总，孙董当然是个非常善于沟通的人。

我们的交流当然是从她当年在职大的学生生涯开始的。“我是打乒乓球出身的，从建国路小学到新海中学，打了十来年的球，多次参加省里的运动会，拿过全省女子单打的第三名。但我仍然靠自己的努力，考上了新海高级中学。不过，毕竟因为练体育出身，文化成绩还是有点弱，所以比本科线少了10分，进了职大！”孙董扶了扶近视眼镜，目光投向窗外。看得出，20多年了，孙董对自己没能进入本科院校依然有点难以释怀，有点不太服气。“不过，1985年念大学时，我代表学校参加江苏省大学生运动会，为学校拿下了女子单打的冠军！不知学校还保没保留我当时获得的奖杯？”在学校期间，孙晓玲成长为品学兼优的学生，担任过化工系（现医化系）84有机化学班的班长、团支书，学校学生会体育部部长，并在1985年6月12日加入了中国共产党。“我记得现在的刘润忠院长那时是学校的教务长，他的夫人及秀琴老师还教过我《机械绘图》课！”

因为她在学校的品学兼优，分配工作时她得到了许多选择的机会：市外贸局、市港务局、市税务局、市工商局。最后，她选择进入了外贸局所属的连云港市化工医保公司。1987年7月上班，9月就被送到南京参加中化江苏省公司的业务培训，不久她就成长为可以独自闯荡广州交易会的外销人员了。在经过1990年结婚、1992年生孩子这些女性必经的人生过程后，1993年开始，孙晓玲开始了真正作为贸易销售人员的拓展工作。作为运动员出身的孙晓玲在业务的拓展中充分展示了她运动员的个性：“要么不做，要做就做最好！”

她要做自己的冠军！

从1993年的年销售额几万美金到1995年的583万美金，孙晓玲只用了短短的3年。但许多人看到的只是她风光的外表，过程的艰辛是外人所不知的。外贸操作涉及海关、商检、银行、港口、货代等许多环节，一个环节出问题，整个过程就无法实现。

压力是巨大的，但没有压力也就没有进步！1995年，孙晓玲担任了市场五部的经理。每周一的晨会，老板都会询问上周的签单情况。一到四部的经理都用上了BP机，然后是大哥大。“那时的手机叫大哥大，一部连入网费要1万多元。人家都用上了，但我没有，因为公司规定你必须业务量达到100万美金，才给你发！人家都昂头理直气壮的，我是低头小心翼翼的！”孙晓玲回忆起当年的奋斗历程，依然目光炯炯：“终于，1995年9月20日，我的业务量达到了100万美金，我压抑很久的压力终于释放了！我找到老板，让他签字给我手机，那天我什么也没干，就到电信局买了一部手机！”说起自己当年作为小年轻时的执著劲，1965年出生的已过不惑之年的孙晓玲不禁笑出声来！

后来，公司改制，原来的连云港化工医保进出口公司变成了连云港国元进出口公司，孙晓玲的业务也越做越大，个人收入也越来越多。公司规定，每为公司创利达到100万元，公司奖励个人一套住房，但因为种种原因，应该奖励孙晓玲的房子和奖金最终并没有兑现，公司也因为种种原因最终破产。

其实，孙晓玲在这之前已经看出公司的管理明显出现了问题，并在公司倒闭前一年已经离开。离开是因为要重新开始，孙晓玲依然要做自己的冠军！她和朋友创办了新的连云港中壹国际贸易公司，孙晓玲持有其中35%的股份而成为第二大股东和副董事长、副总经理，率领旗下的一批年轻人开始了新的征程，这就像新的一场乒乓球比赛，她要做自己的新的冠军！

“做贸易，说白了就是买空卖空！找人买，再找人卖！但对于买卖双方，我们都是他们的客户，是他们的上帝！但同时，他们也是我们的客户，他们也是我们的上帝！做贸易对于男的来说都比较难，对于女的来说就更是难上加难。有一次，我碰上货物到不了位，到山东潍坊找厂家。喝酒的时候，老板指着满满一茶缸烈酒对我说，你把它干了并且站着从这里走出去，我的货不涨价并且马上发！”孙晓玲笑着说：“结果你能猜得出，我喝了那酒并且站着走了出去！”

“有一次，因为沟通出现问题，我的6个货柜在海关被扣。海关调查局的人对你就像对待犯人一样，问来问去！虽然，经过多方联系，调查清楚责任不在我，但几天的煎熬、上百万的货物，对于一个女人的压力可想而知！”

因为她的业务能力、她的豪爽、她的守信，慢慢孙晓玲的名气闯出来了，通过多年来的大浪淘沙，她也有了自己稳定的黄金客户群。货紧俏时，她能拿到货；货涨价时，她能不涨或少涨；货跌价时，她能砍掉一块。她的事业也渐渐走上了上升通道，许多事情也不像原来那么辛苦，许多原来需要跑许多次的事情，现在一个电话就能解决，许多以前必须现款交易的现在可以先赊欠，最多的时候，仅靠孙晓玲的个人信誉，几个厂家就给她赊欠 1500 万资金。当然，孙晓玲更加珍惜“信誉”这两个字的重要性，每笔生意都做得规规矩矩！同时，接触形形色色的人，走遍全世界各地，孙晓玲慢慢地从中感到了乐趣！

事业上的孙晓玲不懈地追求，做自己的冠军。其实，生活中的孙晓玲则是一个很低调的人。对于记者的采访，她开始也是委婉拒绝，直到记者说到采访的本意主要是为了给现在我校的学生一种自信、一种激励和鞭策时，她才爽快地答应。

她对于生活有自己独到的见解。“我追求物质是为了证明自己的能力，同时在有需要的时候，我可以满足自己，但我从不刻意地追求那些肤浅的时尚和时髦！我想要的话能买得起，但这只是我的一种精神需要，我不会去刻意追求这些。比如，现在我依然开着自己 2004 年花 25 万元买的 2.5 升蒙迪欧，并没有去换辆宝马，因为我觉得现在的车我就用得很顺手！”

对现在的学弟学妹，孙董总结她的人生，提出了几点告诫：一是过你自己的生活；二是要坚持，不要轻易放弃；三是要给自己压力。当记者再问时，孙董意味深长地说，“让同学们自己去悟吧！”是啊，不管别人说多少，一切最终还要靠自己，只要自己做好了，你就能成为自己的冠军！

采访就要结束的时候，孙董电脑上的声音提醒“滴滴滴滴”地响了起来，电话也急促地响了起来。孙董抱歉地对记者说道：“对不起，我要处理业务员报上来的业务，没时间陪你聊了！”记者抓起相机，拍下了孙董工作的形象！

窗外，苍梧绿园的绿色正郁、金色渐浓！

（郑硕　采访于 2008 年 10 月）

生如夏花

——连云港市社会福利院办公室主任　王　琳

王　琳　连云港市社会福利院办公室主任

籍　　贯：江苏省赣榆县

院系专业：经贸系（现商学院）对外经济贸易专业1999届

座 右 铭：保持微笑，生活也会对你微笑

爱　　好：漫画、音乐、舞蹈、旅游

离别十年，和王琳的约会是件非常愉快的事情，望着眼前这位衣着时尚、知性优雅、秀外慧中的女子，记者不由得暗暗赞叹，上天似乎特别优待她，并没有在她身上刻下多少岁月的痕迹，反而是褪去了大学校园的青涩气息，增加了一些时光雕琢过的成熟风韵。我们的交谈逐渐轻松起来，记者似乎感到时光倒转，回到了刚进入职大时那段无忧无虑的日子，许多往事在眼前清晰浮现，相视而笑成了交谈中最经常的画面。

"你现在还画漫画吗?"记者急切地询问她。当年给记者留下印象最深的就是她的漫画水平非常高，经常在校团委、学生会举办的书画比赛上获奖。谈到漫画，王琳眼睛亮了，"刚毕业时还常画，这几年因为工作忙加上孩子小，很久没有动笔了。我初中开始接触漫画，高中开始投稿，曾经想过以此为生，但父母强烈反对，老爸甚至撕过我的画，结果我的梦想还没有萌芽就被扼杀在摇篮里了。"说到这里，她莞尔一笑，满是对过去青春岁月的留恋。

"上了职大，我的第一反应是这回我可以痛痛快快地'玩了'，"她睁大眼睛望着记者，"当然我的'玩'不是无节制的玩乐，三年中我参加了各种学校举办的比赛，演讲比赛、辩论赛、书画赛等活动，毕业时获得的各类证书摞起来有两尺多高呢。即使我并不喜欢我的大学专业，但是在学校里，我仍然把学业放在第一位，几乎每学期都以第一的成绩拿到奖学金。三年里，我学得用功，玩得开心，最重要的是我在大学里学到了一种豁达开朗的生活态度，以及与人为善的交际方式，这是帮助我积极对待以后工作生活的重要因素。"

毕业后，王琳曾经面对着几个不同的就业机会，是在三尺讲台上与书为友，还是进入电台做个 DJ，其实她最神往的是到上海从事漫画制作。但阴差阳错，她和这些工作都擦肩而过，最后进入连云港市社会福利院做了一名文员。这个选择曾让很多人大跌眼镜，包括记者都无法想象这个才华横溢的女孩子在那种单位有什么前途可言。面对记者的疑问，她歪着头若有所思："成功的概念究竟是什么呢?幸福的标准又是什么呢? 如果用物质价值来衡量，显然我不够成功和幸福哦!"凝重的神色在她的脸上只停留了片刻，就被灿若桃花的笑容取代，"知道吗，我在福利院见到唇腭裂孩子的第一眼，不是他的长相有多可怕，或是他有多可怜，而是——这孩子好可爱哦，笑起来真漂亮，什么叫笑开了花，从他的脸上就反映出来啦!"记者差点被一口茶水呛到，用这样的心情来看待、用这样的字眼来形容一个在世人眼里有缺陷的孩子，这个小女子也确实够牛的。听着她娓娓道来，一个不为人知的弱势群体的特殊生活渐渐在记者眼前明朗起来。

“院里的孩子都是弃婴和孤儿，残疾比率高达 95%，和正常的孩子比起来，他们更需要社会的关爱，需要家庭的温暖……那么多的孩子，名字怎么起，以前是根据十二生肖当做姓，鼠年来的姓楚，牛年来的姓牛，虎年来的姓胡，兔年来的姓屠，2001 年以后全部都姓‘连’了，连云港的连，这样他们以后不论到哪里都知道自己的根在连云港……关于死亡，见得很多，都近乎麻木了，因为每年要接收 100 多个孩子，这些病残的孩子多数是医治无效才被父母丢弃的，有的被送来的时候就已经奄奄一息了，死亡率很高，一般只有 30%的存活率，也有很多孩子挺了过来，就如同春天的杂草一般生命力旺盛，坚强得令人钦佩……孩子大了，我们院要给有病的孩子治疗，供有接受能力的孩子读书，给有自理能力的孩子找工作，还要考虑男婚女嫁的终身大事。福利院是孩子们的家，又何尝不是我们的家，这里就是一个其乐融融的大家庭……我们院和一些国内外的慈善机构合作了婴幼儿养育、残儿助医、儿童助学、家庭寄养等项目，由对方出资，我院管理，从生活护理向亲情抚育转化，从机构抚养向家庭养育转变，让孩子更好地融入社会、融入家庭，这就是我们社会福利事业努力的方向。”

工作十年中，王琳基本在各基层部门都待过，做过总务，做过出纳，还兼职文秘，即使现在担任办公室主任一职，也还肩挑着单位的工会、团组织等工作。“要么不要做，要做就做最好。”这是王琳工作多年坚持的一贯原则，大学时代的“辉煌业绩”同样延续到了工作中。进院十年，王琳多次被评为系统先进工作者和优秀党员，她所负责的院团支部和工会都获得了省级荣誉称号，她本人也多次参加市级演讲比赛并获奖。工作中的酸甜苦辣她很少提及，更多的是讲福利院的孩子们，讲述着她心中的福利事业梦想。“在我们这种单位工作久了，就能以更加豁达的心态去看待生活和自我。以前，年轻的我们曾经有过雄心壮志，我们要挣多多的钞票，做高高的职务，过好好的日子。经历了生老病死，见惯了聚散离合，看着那些残疾的孩子在生死线上挣扎，我们庆幸自己是多么幸运和幸福，至少我们身体健康、四肢健全，至少我们自食其力、生活安逸。最珍惜的莫过于生命，最难得的莫过于健康，如果说金钱、名誉、权势等各代表一个 0，那么健康就是前面的 1，没有了 1，再多的 0 都是虚无。工作这么多年，谈不上取得多大成就，更多的是我获得了心灵上的平静，用一颗感恩的心对待我拥有的一切。我最大的感悟是对生命的尊重，最大的收获是对生活的态度，任何时候面对任何事情，都保持乐观的态度、开朗的心情，那么一切都会释然了。”

“放弃漫画，我心痛过，进入福利院，我没有后悔过。社会上很多人对社会福利事业不了解，甚至存在偏见，但当我真正深入其中时，觉得这块天地非常宽广。我们的业务一是收养孤儿和弃婴，二是接收无家可归、无依无靠、无经济来源的三无人员，也就是通常说的孤寡老人，另外还面向社会自费代养老人，就是大家熟悉的老年公寓。现在越来越多的人开始关注孤残儿童和机构养老。要知道，我国已经进入老龄化社会，4∶2∶1的家庭格局注定以后的养老趋势要从居家养老走向社区养老和机构养老，作为民政系统的一项市级目标任务，我院的综合福利中心将在两年内筹建落成。”谈到业务工作，王琳的脸上神采飞扬，看来单位的业务范围、工作内容她是相当熟悉。“两年后的综合福利中心才是我们福利机构真正开始拓展业务的契机，我们会面临很好的机遇，同时将面对更多的挑战。我相信我们所从事的工作，虽然是‘夕阳产业’，却是朝阳行业，它的未来，不可限量。当机遇与挑战并存时，我能够在更大的空间里发挥我的才能。”她直视记者的眼睛，双眼熠熠生辉，少了刚才的俏皮风趣，多了几分自信和坚毅，这个看似柔弱的小女子身上仿佛蕴含着坚定的信心和无穷的力量。

“我还经常写点散文、诗歌，写成长的烦恼，写人生的感悟等。”她用笔去记录生活的点点滴滴，看透了人生无常，品味着平凡人的幸福。“有人拼命地去工作，也许他可以用几年的时间赚到别人几十年的收入，但这样用年轻做本钱去透支生命的生活方式不是我喜欢的。平静的生活不代表平淡地过日子，业余时间我喜欢用各种活动来丰富自己的生活。”让记者有点吃惊的是，国画、拉丁、瑜伽、旅游、美食等一大堆风马牛不相及的东西全部在眼前的小女子身上融合起来，却又不觉得突兀。显然，这是个懂得生活的女子，她的生活充满五彩斑斓的颜色。顿了一下，她的眉梢又挑了起来，笑容再次绽放在嘴角：“在生命的旅途中，当别人开车风驰电掣地飞奔而过时，我更乐意慢慢步行，这样可以更清楚地欣赏沿途的风景。所以说，我在安逸平静中享受生命，这就是我生活的方式。我不敢说我的人生是成功的，但我真实地感觉到了幸福。”

我们聊着家庭，聊着她的帅儿子，聊着彼此的生活。她不时问起学校的近况，想着抽时间去拜访南海老师和史丹老师。她向记者描绘了福利院的四季，春天的花、夏天的叶、秋天的果、冬天的雪，映衬着孩子们天真无邪的笑脸，成了王琳镜头里最美的风景。女人的美丽，需要一个慢慢修炼的过程，生活和工作中的王琳都是一样的从容淡定、聪明优雅，经过岁月的磨砺，在人生的际遇中，不断成熟完善。

末了，我们留下彼此的QQ号，她的网名吓了我一跳："我比烟花寂寞？怎么开始玩深沉了？"她的回答更深沉："寂寞，是一种意境，而不是一种心态，只可意会，不可言传。其实，你不觉得……我比烟花灿烂多了么？哈哈哈哈！"她又朝我露出了招牌式的可爱笑容，标准的八颗牙。银色月光下，她的笑容比夜空中的烟花更璀璨。

（韩燕　采访于2008年11月）

商情·梦想·人生

——记连云港经纬国际物流公司总经理

张前进

张前进　连云港经纬国际物流公司总经理

籍　　贯：江苏省新沂市

院系专业：计算机系(现信息工程学院)计算机专业 1992 届

座 右 铭：把握方向,承载梦想

爱　　好：歌唱

当信息学院院长张家超副教授把他的学生、连云港经纬国际物流公司总经理张前进介绍给记者的时候，就说："张前进是个很另类的商人，他很有激情，也很有思想，你见到就知道了！"

另类的商人？有激情也有思想？到底是个什么样的商人呢？一个晚上的交流，在记者面前呈现的是这样一个张前进——

商情

观点：我觉得赚钱是最低级、最简单、最无奈的工作，从摆地摊的到比尔·盖茨都可以做，只是多少、方式、方法、途径、规模不同。比尔·盖茨基金会的意义远远大于他赚钱本身的价值，即使他是世界首富。谁还记得诺贝尔当年开公司的事情啊，他发明炸药也可能被少数人记得，让他名扬万代的是以他名字命名的诺贝尔奖！我们只是历史的过客，我们只是在传递伟人的思想。历史上没有留下我和你，所以赚钱是最低级的事情。

事情：我的物流公司在丁字路。2003年，我的物流公司成立不久，一个司机中午私自把车开出去，结果在农村出了交通事故。这件事主要责任在司机。但因保险金额只有5万元，司机被拘留，车辆被法院保全。这对于一个新的企业是一个沉重的打击。但是我想，经纬不能倒下，公司有责任处理好，不能因为一点挫折而放弃。所以东拼西凑，支付了18万赔款！

张前进1992年从职大毕业后，做过许多行业。卖过冰棒，开过车，卖过钢材，做过音响，做过灯饰，甚至和四川大学医学院的教授合作，做过通过微波加热灼伤治疗牙齿疾病的事情。"也许是我做什么都赚钱，所以到现在也没有赚到大钱！"张前进有点自嘲地分析道："假设一个人失败了一百次，但他第一百零一次是成功的，我想他一定会死死抓住这一次来之不易的机会！但我不是，我做什么都赚，所以就不会太珍惜，也就没太坚持！坚持有三种，一是没成功时的无可奈何的状况，一是学习进步的一个过程，一是等待机遇的过程！"

"所以，那次赔付18万的车祸反而让我学会了坚持！人30岁以后一般都有了自己的价值观和方法论！我现在就要坚持把我的经纬物流做好做大，我想最起码做到连云港的前十名啊！所以，我觉得我现在是刚刚起步！”

张前进介绍了连云港物流业(公路运输)的情况。丁字路是连云港初级物流业的发祥地，大部分是从配货站发展起来的，90%是汽车司机转行做的，一般都是夫妻店。9%是“传帮带”出来的徒弟做，档次低，规模小。只有1%是像经纬这样的公司，具有专业的物流人才及现代管理技术，他们的目标是高端客户、大客户，比如益海粮油这样的知名企业。“我们将主导物流市场，我们拥有最强的计划实施能力！”张前进自信地说：“所谓专业就是有所为有所不为，你让我送货到哈尔滨我不做。但现在——”他看了一下手表说：“现在是晚上十点，你交两吨货给我，明天八点我可以给你准时送到上海浦东国际机场！没问题！”

“我不仅能做到运价低，更重要的是安全准时！因为我们是按照现代企业制度运作的企业，必须有着严格的管理来保证对客户安全及时的承诺。一般服务商货物迟到，他会说：飞机还会晚点。但你不能把这个晚点当作你的理由，否则你好像每次都可以晚点。你是不是每次都可以晚点呢？显然不是！所以我们就应该按照每次都不晚点去努力！”

目前，张前进的作为“刚起步”的经纬物流已经是500万注册资金的一级物流企业，拥有年1500万左右的经营额，目前有正式员工近10人，车辆20台，年纳税约50万元。新购置18亩土地，建筑面积2200平方米的办公楼已经建成，6000平方的仓库正在建设中。

梦想

观点：做人要有激情和梦想，否则就没有意思！我做经纬的目的是想看看我到底能做多大！我们公司的广告语是“把握方向、承载梦想”。钱本身并没有什么意义？我想人死的时候剩下100块和100亿没有什么区别。人的社会价值更重要，赚钱其实更重要的也是证明自己的能力！

事情：我高三的时候没有考上大学，回到新沂一个叫棋盘中学的乡下中学复读。1997年冬天，下雪天，滴水成冰，我骑着大金鹿自行车回舅舅家。那种车特别笨重，是用脚倒倒脚踏板可以刹车的那一种。被雪水浸透了的鞋子我已经穿了一个星期，风吹来的时候我感觉不到脚的存在。乡间小路边，树上的几片枯叶、一只乌鸦悲凉的鸣啼，让我感觉走到了世界的边缘。“有钱难敌少时贫”啊，那时的磨难是我一生的财富。

张前进每年都要给公司撰写对联。于是，他常常把自己的诗一样的激情和梦想通过小小的对联诠释出来，而这种诠释恰恰展现了张前进的另类和个性。2005年，陈水扁当局纵容台独势力，海峡两岸关系紧张。张前进撰写了这样一副对联：“点线面齐全经纬纵横四海，海陆空具备物流联通五洲”，横批是“平定台湾”。2008年是北京奥运年，又是神舟七号发射年，他又撰写了一副对联：“经纬时代奥运年，坐月观宇售票处”，横批是“飞天”。

对于自己的生意，张前进也有自己诗一样的畅想：“丁字路在城市的北郊，这里肯定没有必要再开一个明珠大酒店，但我一定要把经纬做成物流业里的‘明珠’！”他还有诗一样的见解：“生意，聪明人应该做得快一点，成功早一点；笨一点的，就慢点做，成功晚一点！但人一定要有激情、梦想和勇气，成功会让自己有满足感！”

张前进告诉记者，生活中的他也很有激情的！常去蹦迪和唱歌，感受青春的气息。

1989年在职大上学的时候，他看到一辆红色普桑，就想“如果有一天我有这样的一辆车，我就应该满意了吧？”而事实上，因业务需要，他拥有普桑、别克君威、别克商务三辆办公车辆。“你只要有梦想、激情和勇气，一切皆有可能！”张前进说道，像是在告诉别人，又像是在告诫自己！

“我想看看我的生意到底能做多大！”对于自己的生意，他也有这样随意而诗意的目的。

人生

观点：只做你不会做的事情，会做的事情让他人来做！人要追求自由，首先是身体的自由，健康的体魄是自由的前提，其次是经济的自由，这是你迈步世界纵横天下的保证，最重要的是思想的自由，思想的自由才是真正的自由！精神和文化是永恒的，金钱只是短暂的！

事情：1995年的时候，我到广东去。在南航售票处被抢，身上的五六千块钱没了。这在当时对于我来说并不是一个小数目。转眼间望着夕阳，我想，许多人比我大得多的挫折多的是。假设我活70年，这件事情仅仅占据了我一天的时间，何足挂齿，只是生活中的一朵浪花。挫折和收获都是礼物，抬起头用笑脸迎接每一天新的太阳吧。

谈起对现在学生的告诫，张前进说道：人才，先为人后为才。人做好了，就能把事情做好；事做好了，就能迈向成功。最重要的是人品要好，对事业要忠诚！否则，事业放弃他，自己也把自己的成长空间给扼杀了。他打了个比方，“就像小偷，他偷东西并没有固定的对象，而是很随意的。同样的道理，如果这个职工在我这里不忠诚，他害我，到别的企业他一样会害别人！他不一定害得了别人，但他一定会把自己给害了！因为，他的不忠诚成了习惯！”

“我的老师很优秀，所以我要做得比他更好！让老师们骄傲，让职大骄傲。”“学习中我有最好的老师，他会给我指明道路！但创业中，你的选择往往没有答案与对错，只能靠自己摸索独行！”“听到的我不会全相信，看到的我相信一半，自己做的和验证过的我才相信！”“对于那些成功的人，你没有必要羡慕他的钱财，但是他成长的过程是你需要学习的！同时，把你羡慕的人当作你的目标，而不是自卑不前！制定目标超越他！”“每天进步一点点！”

我把张前进的话语零散地记录了一些，算是他作为一名我校老毕业生送给学弟学妹们的赠言吧！

（郑硕　采访于2008年11月）

走健康之路

——记连云港市健康体检服务中心总经理孟令球

孟令球　连云港市健康体检服务中心总经理

籍　　贯：江苏省灌云县

院系专业：计算机系（现信息工程学院）计算机专业1990届

座 右 铭：吃得苦中苦，方为人上人

爱　　好：读书

“毕业多年，我自己感觉离‘杰出’、‘优秀’、‘成功’这些字眼还有很大差距，但回过头看，我走了一条踏实、稳妥的人生道路。”这个淳朴敦厚的男人仔细斟酌着每一个字，谦虚地说。

回顾建校初期，招生规模很小，条件设施非常简陋，很多专业都是隔年招生，到了 1985 年，学校才开始招收计算机专业学生。1987 年秋，孟令球考入连云港职业大学，成为我校历史上第二届计算机专业学生。学生时代的孟令球很普通，很安静，每天在教室、宿舍、图书馆中穿越，路上遇到老师会不知所措，偶尔和女生说话会脸红，记忆中最深刻的是一到吃饭的时候，他总是跑得飞快，总是第一个到达食堂站在队伍的最前列。那时，有个小学妹常常想插队买饭，总是遭到孟令球的严词拒绝。若干年后，当年的排队风波成就了现实中的一段美好姻缘时，孟令球对爱人的承诺是今后会一辈子为她排队买饭，简单朴实的话语中透露出对爱人的深情厚谊。那时候简陋的生活条件无法扑灭年轻人心中激烈的火焰，他们年纪相仿、志趣相投，谈天说地，畅想未来。他们的许多老师也很年轻，和他们有着亦师亦友的关系。张家超老师刚刚分到的苹果，搬回宿舍没多久，就被闻香而来的同学们瓜分得一干二净。想起往事，他笑得很开心。

三年的时光就这么无声无息溜走了。毕业后，孟令球回到家乡，进入灌云县医药公司工作。那时，医药公司正在试行电脑开票，迫切需要计算机专业人才，孟令球暗想这下绝对是专业对口，可以大有作为了，然而，就在孟令球进公司的前一年，公司来了一位知名高校毕业的计算机专业本科毕业生，当领导决定把孟令球分配到基层小镇时，他的心顿时凉了半截儿。“我也是很想不通的，心里好一阵憋屈，但我无从选择的时候，我只有接受命运的挑战。”孟令球打起背包，来到灌云县同兴镇医药站，当了一名最基层员工。“在同兴镇，我干过营业员、出纳、仓库保管员等一系列工作，基本上把医药站所有的岗位都轮了一遍。要给各医院送药时，都是我一个人把青霉素整箱整箱地扛到医院楼上的仓库里，那时最怕的是下雨天，司机要拿塑料袋顶在药箱上面，怕把药淋湿，而我只有一趟趟地楼上楼下奔波着。”想起以前的日子，孟令球连连摇头，“现在的孩子可是没吃过我们那些苦哦，不过，我始终觉得，吃苦是值得的。我在同兴镇的两年里，学了很多东西，也改变了我很多。我是第一个把计算机引进到基层乡镇药站的，当医院的医生拿着我们清晰的电脑票据时，不由得啧啧称奇，连连夸赞我们的工作规范到位。而我也从一个见人脸红、不知如何和陌生人交流的人，逐渐变得可以自如地迅速切入一场谈话，引起一个话题。我觉得这些锻炼是坐在办公室里学不到的，只有在最基层的工作实践中才可以逐步领悟到。”

工作上的出色表现很快得到了公司领导的认可。1992年，公司又调孟令球到灌云县陡沟乡医药站担任部门经理，在那里，他一待就是八年。“在陡沟那么长时间，你不觉得难受吗?”记者好奇地问。他诧异地望着记者，“当然不，我反而从内心觉得基层工作有其独特的好处和优越性。我们这个层次的毕业生，在学历上可能不如别人，领导在交配任务时就不会优先考虑到我，而在基层就不一样了，有知识有文化的人相对较少，对人才的需求很大，领导对我们很重视也很照顾，也愿意多交派些工作和任务给我们干，这样我们在工作中的锻炼反而更多。我现在最深的体会是现在的大学生就应该抛弃择业思维定式，大城市大单位是很好，生活便利且资讯发达，但同时高手林立，强手如云，留给自己发展的空间实在有限，你如直接深入到基层，到第一战线去，扎扎实实地干几年，对自己会是个很好的锻炼。”看得出，他很想通过自己的亲身经历，给学弟学妹们最真心的忠告。“我始终认为，人在年轻时是要吃些苦的。年轻人毕业到单位，最要不得就是好高骛远、眼高手低，即使你才高八斗、学富五车，也必须放下身段，从最基层的学起、做起，只有这样才能帮助你把未来的路走得更稳当。”

孟令球的工作逐渐得心应手、游刃有余时，一个绝佳的机会摆在他面前。江苏康缘药业股份有限公司作为国家新药产业化基地的重点骨干企业，2003年底，在收购整合市区医药站的过程中，急需一位懂得医药的内行人担任高级管理人员。在机遇与挑战面前，他毫不犹豫地抓住了它。来到康缘医药商业公司工作，意味着一切从头开始，但他凭借过人的能力，很快进入角色。在担任新药分公司经理时，出色的工作成绩使他连续三年被评为康缘集团系统内部的优秀中层干部，他领导的分公司的业绩在商业公司所属经营部门中遥遥领先。2006年，孟令球被任命为康缘商业公司总经理助理，2007年，任公司副总经理，分管经营工作。他在康缘药公司的五年间，协助总经理将原来不到一个亿的销售迅速提升到现在近五个亿的规模，利润过千万，在江苏医药商业中的排名升至第六位。

如果说在乡镇药站的工作经历给了孟令球工作能力的提高，那么，在康缘医药公司的工作经历就给了他工作视野的开拓。在多年和医药行业的接触生涯中，孟令球敏锐地发现了一个新的发展机遇——健康教育。随着我国经济的迅速腾飞，人们的物质生活逐渐丰富起来，在吃得饱穿得暖的同时，人们对生活质量的要求也越来越高，同时由于健康知识的普及度不高，很多人对于健康知识仍存在一定程度的无知，身体常常处于亚健康状态。孟令球紧紧抓住了人们对于健康知识的渴求，组织了一批退休的老医生、老专家、老教授成立了连云港市健康教育学会，深入到社区、企业、学校等地为普通市民宣讲健康生活知识，普及健康生活理念。时间久了，他感觉光有教育还不够，还想更加深入地为百姓的健康做点实际事情。2007年底，他离开了发展良好的康缘医药公司，组建了连云港市健康体检服务中心。在很多人看来，要体检去医院的想法也已根深蒂固了，孟令球的体检中心给人们提供了另外的选择途径，他能被广大市民接受吗？"我们是专业的体检中心，配备了先进的体检设备，我们和医院比拼的是服务。为了学习先进的管理模式，我专程去目前国内最先进的体检服务机构——北京慈铭体检中心学习，自己花钱做一次体验，以此来感受他们的服务，学习他们的管理，更新自己的观念。"他微微一笑，"我非常看好这个行业。我感到自己就像是鲶鱼，只要鲶鱼不停地游动，刺激鳗鱼求生的本能，整个鱼群才能更加长久地活下去。我所做的并不是抢医院的饭碗，相反，我们体检中心的存在是为了刺激现有医院更好地提升服务质量，一起为百姓提供更优质的服务。金钱从来不是我追求的终极目标，我希望我们每个人在面对生活、事业的挑战时，都要勇于接受挑战，这样生命才会充满生机和希望。"

他学的是计算机专业，工作中引进的各种设备他都坚持用最先进的，但他自己从不上网。他很低调，接受记者采访的唯一原因是想用自己在社会上多年的摸爬滚打后得到的经验，告诉学弟学妹们要不怕吃苦，要学会吃苦，甚至要多吃些苦，这样才能帮助自己更好地立足社会，走好人生路。

从国有企业到上市公司再到自己创业，孟令球的三部曲走得扎实，走得稳当，走得健康。

（韩燕　采访于2008年11月）

文武之道　不悔人生

——记连云港市赣榆县人民政府副县长　李　武

李　武　赣榆县人民政府副县长

籍　　贯：江苏省连云港市

院系专业：经贸系(现商学院)国际贸易专业1994届

爱　　好：篮球

人生格言：荣誉属于那些在角斗场上翻滚的人，这些人汗流满面，血污斑斑；他们英勇地战斗；他们不断出现失误，因为只要做事，就免不了有失误；然而他们却是努力干实事；他们满腔热情，洋溢着伟大的献身精神；他们自立于一项崇高的事业，他们如果有幸得到成功，终于能欢庆取得伟大成就的胜利，如果不幸遭到失败，至少也是在敢于冒大风险之后遭到的失败。因此，绝不能把他们同既不知胜利为何物，也不知失败为何物的冷漠胆怯的人相提并论。

——西奥多·罗斯福(美)

早就听说在我校的毕业生中，经贸系1994届国际贸易班的李武的经历颇有一些传奇色彩，而采访李武副县长的策划，也早在“校友风采”栏目实施之初就列入计划，但一直没有实施的机会。这次的采访原计划是上一个周末，可在实施前几小时，得到的消息是，赣榆县唯一的规模以上工业企业宏安集团在徐州经营的煤矿的安全出了点问题，李武副县长已经赶赴徐州处理有关事宜。当他终于和记者相对而谈的时候，已经是这个周一的下午了。

一米八七的身高显得伟岸挺拔，近视眼镜又显出几分儒雅书卷。风尘仆仆的李武副县长赶到自己大学母校的新校园，在办公室坐定的时候，又已是一个冬天的下午。席卷全球的金融风暴影响依旧，而在中国，今年的第一场超强的冷空气把这个沿海开放城市的气温在一个夜间打到了零度以下。我们在这样的下午交流，夕阳的余晖透过办公室的玻璃窗，在地板上留下一些暖意，而透过窗户远眺，我们可以读到不远处沉默的云台山脉。

和以往的采访不同，我们的话题并没有在关于母校等带有一些客套的话题上停留，而是直奔主题，聊起他的有些传奇色彩的工作过程。

“是的，和大多数毕业生的就业过程相比，我的工作就显得有些复杂。我在国企、外企、民企都干过！”李武抬起头，努力回忆以前的时光，好像还没有从现在忙碌的氛围中走出。

1994年从连云港职大经贸系国际贸易专业毕业后，李武先是在连云港市开发区外贸公司工作。那时候的外贸公司效益不错，是许多人羡慕的行业。但李武身在其中，从其灿烂的光环中看到的却是危机四伏。“其实，那时候的地方国企外贸公司的强盛已经就要走到了它的尽头！因为，国企外贸公司的强盛来自国家给它的近乎垄断的政策，而这种政策必然随着改革开放和市场经济的建立而逐渐弱化。”李武分析道：“20世纪90年代初，国企外贸公司的好日子到了顶峰，同时问题也非常严重。比如，我看到上百万美元的坏账竟然没有人过问，不管经理还是业务员！这很不正常！所以我不看好国企外贸公司了！”

“凡事预则立，不预则废”，于是，李武做出了人生的第一次重大选择：他辞去了在连云港国企令人羡慕的工作，只身来到了上海这座东方大都市。

“我在历次竞争中经历过几百次失败！但人们只看到我成功的表面！我找工作可以说是屡败屡战！但最终我进入了一家大型的美国独资企业工作，经过努力，我击败了许多名校的毕业生，成了部门经理。这家公司在当时是中国唯一一家生产经营棉浆粕和黏胶短纤的外资企业。我有机会到了美国，我甚至有机会留在美国。我看到了外面的世界，也受到了很大的冲击！自己的感受一个是外面的世界很大，一个是自己掌握的知识很少！”

于是，李武进行了人生的又一次大胆而又令人诧异的选择：他辞去了令人艳羡的外企工作，去考中国纺织大学的研究生。

“我平时边工作边复习，但在考前一个月，我辞职备考！”当记者问他想没想辞掉了工作，万一考不上怎么办时，“搏一把啊！”1999年9月，李武如愿考入中国纺织大学(现东华大学)，攻读MBA。这次选择，让李武的知识层次提升了许多，也让他的人脉提升了许多！

研究生毕业的2002年，李武并没有去上海滩上人们艳羡的外资企业，而是选择了一家大型民营企业，担任副总。这是一家拥有5000人的大公司，主业是物流，是中国第一家民营铁路行包企业。国企做此业务大多亏损，而这家民企却凭借严格的半军事化的管理和科学的运作大获成功。李武进入这家公司，也是经过层层筛选。公司把从上海、广州筛选下的几十个人全部派往成都分公司，一个月后，由在成都的公司中层以上管理人员给他们打分，李武以最高分的表现被公司派往天津分公司兼任经理。一年多经营下来，李武率领240人的团队，以经营业绩5000万、1100万的纯利润给出了一份完美的答卷。

但是，2003年4月，李武辞掉了这份给公司和他自己都带来巨大成功的工作。理由很简单：母亲身体不好，父亲这时又患了肺癌，自己是家中的独子。而因为公司异地用人的管理原则，他必须经常待在天津，无法更多地陪伴在上海治病的家人！他在上海重新找了一份工作。

但就在2003年7月，又一次重大的人生选择摆在他的面前：他的家乡连云港面对全国公开进行县处级干部招考。他整整一夜没睡，经过认真的思考，他再一次做出了选择：放弃已经驾轻就熟的公司工作，报名竞聘连云港市外经贸局副局长的岗位。

谈起当时的心路历程，李武副县长说："我的优势和劣势都很明显。劣势是我从来没有在机关待过，可能不适应。优势是我的经历比较特殊，我在国企、外企、民企都干过，实际操作经验远比许多人都更加丰富。同时，我选择回到家乡连云港的一个重要原因是，这对别人可能只是个工作机会，但对于我来说可以更好地为家乡服务，更重要的是可以照顾家人！"

当李武竞聘成功，组织对他进行外调的时候，他工作仅仅几个月，非常看重他才干的公司老板一方面可惜自己没有留住人才，另一方面却给李武许多美言，原因只有一个：李武为了给父母尽孝而选择回到家乡，让老板觉得自己没有看错人！

32岁的李武如愿走上了连云港外经贸局副局长的岗位，并且成为最年轻的党委委员。2006年5月到连云港市开发区挂职，2007年到赣榆县任副县长，分管开放、工业、商贸流通。

"我分管的工作比较多，人很忙，但我的心里很平静，因为我心无旁骛，没有太多的私心杂念，只是想做点事！今年5月12日，汶川大地震，我14日到贵州，那里刚刚发生过汶川地震的一次余震，贵州也有我们宏安集团的煤矿，我去看望煤矿工人并检查安全生产。15日，我就下到矿井巷道里去了！"李武副县长真诚地说道："说不紧张那是假的，煤矿本身就是危险行业，再加上地震的威胁。但是，如果我不下矿井，那就是真的作秀，因为你在地面上根本无法知道井下的具体情况！"他笑道"我运气不错，一切正常！就是个子太高，我下井还真的不方便！"

看得出来，李武的谈兴很高。环顾四周，他感慨道"我小学在解放路，中学在新海，大学在职大，都搬了新家！"他幽默地说："虽然我的个子很高，但我的起点很低啊！光高考就考了两次！工作后，找工作也吃过许多闭门羹呢！"他回忆起自己的三年大学生活，感叹职大给他留下了许多难忘的记忆。他在职大时入了党，是班级的团支部书记，还是学校篮球队的主力中锋。"我们最喜欢和供电局、公安局这样的单位打比赛，因为每次比赛完，可以得到对方赠送的毛巾、肥皂等纪念品！"记忆中的趣事大都与老师和同学有关:“李星老师那时是我的班主任。我印象很深的是,李老师平时衣着很随意,但每次打桥牌的时候,着装都很重视!苏根林老师带我们英语,我们那时考四、六级练听力,他到处给我们找那时很难找到的英文原版片!”

说到自己的人生感悟,李武深有体会地说:“我感觉自信心很重要!尤其是我们这样的专科毕业生。一方面,你要明白作为一个大专生,需要你学习的东西的确还有很多很多,而另一方面,你也要明白,只要你努力,每个人的成长空间都有很大!”他说起毕业时的一件事,当时他问经贸系主任周尧福老师:我们什么时候能达到你那个层次?周老师回答说,如果你不再学习,你一辈子都达不到我的层次;而如果你能继续学习,你很快就能超过我!

“我一直记着老师的话!”李武说!

从高考考了两次,从找工作屡屡失败,到在国企、外企、民企中都获得成功,从放弃待遇优厚的工作去读研,再到为了能更好地尽孝而回到家乡从政,李武的每一次选择都好像让人意外:“我很忙,但我的心不累!因为我的心里很平静,我心无旁骛,没有太多的私心杂念,只是想做点事!”这样的表述让人感佩。孔子说:“张而不弛,文武不能也;弛而不张,文武弗为也;一张一弛,文武之道也!”张弛有度,大胆选择,成就了李武富有传奇色彩的人生!

夜幕降临,李武的车匆匆消失在校园的环路尽头。他说他得马上赶回去,明天省里要来检查县里节能减排的情况,年底将近,能否完成年度目标很重要。他晚上还要安排一个会议,准备明天的汇报!

让我们期待并且祝福他:传奇继续!

(郑硕　采访于2008年11月)

甜蜜的事业

——专访连云港花之都婚纱摄影有限公司总经理　于冬梅

于冬梅　连云港花之都婚纱摄影有限公司总经理

籍　　贯：江苏省连云港市

院系专业：政文系(现公共管理学院)文秘专业 1990 届

座 右 铭：行胜于言

刚刚改革开放的1979年，一部具有抒情风格的轻喜剧影片《甜蜜的事业》在一夜之间红遍了大江南北、长城内外。这部触及生儿育女、青年恋爱、家庭婚姻这些百姓关心的问题的影片大获成功，并夺得了1980年第三届电影百花奖。

电影《甜蜜的事业》是虚构的艺术产品，而在30年后的今天，我校公管系（时为政文系，曾为中文系，后为社科系——编者注）90届毕业生、连云港花之都婚纱摄影有限公司总经理于冬梅靠十年的打拼，却在生活中把婚纱摄影这项甜蜜的事业带向了成功。

她是如何走向成功的？她成功的背后有什么故事？她的成功给我们现在的同学们什么启发？于冬梅总经理接受了本报记者的专访。

郎一（本报记者，以下称郎）：于总，对于你今天的成功，你认为与你当时在职大的学习生活有什么关联吗？

于冬梅（花之都婚纱摄影有限公司总经理，以下称于）：当然有关联啊！当初我在连云港职业大学读书时，是一个普通的不起眼的学生，并没有可圈可点的故事，也没有多少光环。但是我今天的成功与当时在学校里的学习是密不可分的。

大家都知道，当时的职业大学就是在改革中应运而生的产物——“收费、走读、不包分配”。但是在职大学习期间，学校非常注重学生的社会实践能力。我们在校第一年就被安排到东海县人大，后来又到市报社、市粮食局等地方实习，这些都为我以后创业打下了坚实的基础！其他学校包括名牌大学，学的知识固然很多，教学水平也可能比我们学校高。但我认为，我们职大当时让学生早早地接触社会并走进社会去实践，对我们每个学生都是有很大帮助的！每每有人问我，你是哪个学校毕业的？我都会很自豪地和他们说，我是职大毕业的。当他们说到，到底是大学生，脑子灵活，做事果断，我就无比自豪。

当时我毕业的时候，分配在连云港市锦屏化工厂做办公室秘书，我们单位有许多名牌大学的毕业生，和他们相比，很多人都认为我们的职大并非什么正规学校。我入学的时候，我们学校刚创建，一般人提起的时候，总是不屑一顾。但是我现在成功了，说我是职大毕业的，心里那种自豪是无法用言语来表达的。

现在的职大发展得越来越好，我的心里真的是非常开心。我想，这是与我们母校老师的辛勤工作分不开的，同时也和历届毕业生的努力和取得的成绩是分不开的。这正是源于社会对我们职大毕业生各项工作能力的肯定。今天,你可以到各大机关、企事业单位、私营企业,都可以看到我们职大毕业生的风采,“我为我是一名职大毕业生而感到骄傲!”我相信,这是每一个职大的毕业生的心声。

郎:听说你在毕业时分配在锦化工作,后来怎么想起来“下海”做生意的?

于:1990年毕业后,我分配到锦化办公室工作。1993年,许多国企改革正在进行,单位效益不好,我带头停薪留职,在市工人文化宫(现九龙国际大酒店附近——编者注)对面开了个录像店,由于用心经营,小店红红火火,由此掘到了进入市场的第一桶金!

后来,由于父母经营的饭店生意不太好,当时的我并没有考虑太多,我没有经营过饭店,但是我想,只要自己努力,我相信“一分耕耘一分收获”。虽然家人和朋友反对,但是我还是执意把录像店的十万元全投到饭店中了。“行胜于言”,这是我的座右铭,我想,正是当初我的执着,才有了今天的成功。由于我原来在学校是学文秘专业的,文秘专业要求我们做到事事细心,注意观察。有时候,细节真的能决定成败!所以,当时我走了与其他饭店完全不同的经营道路。

当时,由于我们饭店的位置在老长途汽车站(现第一人民医院急诊大楼附近——编者注)门口。大小饭店几十家,竞争非常激烈,各家价格都在屋里怕别人看到。但是,我想在这些饭店消费的基本上都是外地人,都说外地人怕“挨宰”,我抓住这个契机,在我饭店门口的灯箱上明码标价,又印了很多传单,把每一种菜的价格全部明明白白写清楚。让外地旅客明明白白放心消费,正是由于这一措施,使得原本亏损的饭店一下子红火起来。创业阶段,我吃的苦也不少!我坚持每天在店里招呼客人;坚持最后两个菜自己亲自送上;坚持客人走的时候自己亲自送到马路边!我们对客人的真诚和热情服务,使得“美琳美食”在当时红极一时,每年的净利润能达到二三十万。这为我以后的事业奠定了良好的基础。

郎:那你饭店做得那么好,怎么会经营起与录像店、饭店风马牛不相及的婚纱摄影呢?

于:说起来也是有些偶然。有一次,有“一招”(市政府第一招待所——编者注)的客人在我们饭店吃饭,听他们说“一招”那里有门面房出租,我立马过去看房。那房子在市大富豪歌舞厅(即老工人文化宫——编者注)正对面,隔壁是一家婚纱店,刚刚搬走。当时,我想:这家婚纱店在这里干了这么多年,现在搬到其他地方去了，何不利用他们以前在这里经营多年的名气，在同样的位置重新再开一家婚纱店呢？

说干就干，“行胜于言”，虽然我对婚纱行业一窍不通，但凭着自己在市场经营多年的直觉，我相信，只要努力，就肯定会有收获，于是，我在1999年创办了现在的“花之都婚纱摄影”。

郎：听说，当时婚纱摄影有十几家较大的公司，你是怎么让“花之都”成为在港城地区的知名品牌，赢得较大的市场占有率的呢？

于：进入婚纱摄影行业已经十几个年头了，在开始的时候，我们聘请的摄影师、化妆师工资都很高，结婚却有淡旺季。淡季的时候，师傅们事情不多，但我们必须支付很高的工资。而在当时，除了市区，其他县城、乡镇几乎没有好的婚纱影楼，都是传统的照相馆。于是，我创办了“花之都摄影化妆美容美发学校”，学校自1999年开办以来，为港城及周边城市培训了大批优秀的摄影化妆美容美发师。不少学员成为摄影化妆美容美发行业的骨干和成功的创业者。“花之都”也因此在业内享有极高的声誉和影响力。学校的创立，不仅为“花之都”奠定了良好的发展基础，同时也让港城很多传统照相馆逐步发展成现在的婚纱摄影店。可以自豪地说，目前连云港市90%以上的影楼都是在“花之都”学的技术。“花之都”学校为连云港市摄影行业作出了重大贡献。这是我认为这十年来我做的最有意义的事！

目前，花之都的营业面积已从十年前的100平方米扩展到现在的在步行街最繁华地段的五层楼3000平方米。在这十年的经营中，我学到了很多有价值的理念，同时更学到了很多经营以外的东西。如今在市场衰退、全球金融危机、竞争激烈的状况下，我们更需要付出更多的努力。影楼的使命实质上就是为人民开发“美”——青春的美、纪念的美、永恒的美。豆蔻年华在这里被定格，天赐良缘在这里被见证。一个个幸福的目光、一个个传情的姿态，一个个优美的造型在这里凝聚成永恒的美。婚纱摄影是在温饱基础上的一种享受，服务很重要。如果我们能拍出令客人满意的作品，他们一生都会珍藏！所以，许多事情我都亲力亲为，把客人当作自己的朋友！曾经有一个女孩，只能和她的妈妈去拍自己的十岁生日照，因为她的父母离婚了！我亲自打电话让她的父亲来，告诉他，父亲的到来对于一个女孩子的十岁是多么重要！我和我的同事们非常努力，拍出了让孩子的父亲都不敢相信的“幸福一家”的照片。孩子的父亲非常震撼，不久以后他竟然和孩子的母亲重归于好，一个家庭也破镜重圆！这真是我们最开心的一件事！岁月如歌，当一幅幅凝聚着花之都每位员工心血的作品陆续问世时，当一个个顾客拿着我们的作品满怀幸福地与我们告别时，我不禁会想起那首歌——“你是幸福的，我是快乐的”！是的，我非常喜欢我现在的这份事业，影楼事业是令人充实而快乐的，是甜蜜的事业。

今天的于冬梅，已经拥有了位于海昌路和步行街交界处的“花之都婚纱摄影有限公司”和位于盐河路上的“巴渝红酒楼”两家经营实体。“花之都”旗舰店的经营面积达到了3000平方米；“巴渝红”的营业面积也达到了1500平方米，仅这两家店铺房产的资产价值就达到了2000多万元。“花之都”婚纱摄影有限公司有一家旗舰店，在赣榆、东海和开发区共有四家分店，在各县有十几家加盟店，仅总店的员工就有100多人，年营业额1000多万元。

爱情和婚姻是甜蜜的，婚纱摄影是记录爱情和婚姻的事业。这项事业是甜蜜的事业。让我们祝福天下人都有幸福的爱情和婚姻，也祝福于冬梅的这项甜蜜的事业永远红火！

（郑硕　采访于2008年12月）

学与仕

——记安徽省芜湖经济技术开发区党工委
副书记、管委会副主任　潘东旭

潘东旭　安徽省芜湖经济技术开发区党工委副书记、管委会副主任

籍　　贯：江苏省连云港市

院系专业：经贸系（现商学院）企业管理专业1994届

座 右 铭：治学更勤奋一点
做事更踏实一点
待人更诚恳一点

春节假期的大年初二，记者终于有机会采访了潘东旭博士。潘东旭是我校经贸系(现商学院)1994届毕业生，毕业后留校任两办秘书、校办副主任、校办主任。1999～2001年在东南大学文学院攻读科技哲学专业硕士学位，2001～2004年于中国矿业大学攻读管理科学与工程专业博士学位，2004～2005年在南京航空航天大学管理科学与工程博士后流动站从事研究工作。2005年参加安徽省面向全国的公务员选拔，任职安徽省芜湖市发改委副主任，2006年任镜湖区委常委、副区长，2007年任镜湖区常务副区长，2008年任国家级的芜湖经济技术开发区工委副主任、管委会副主任。

大年初四，潘博士兴致勃勃地驱车来到学校新校园参观。假日的校园没有了往日的喧闹，在城市郊外，显得有些冷清，但这丝毫没有减少潘博士的热情。作为一名学校的毕业生，又曾经在学校生活和工作过的年轻人，对学校充满了感情和美好记忆。他真诚地表示，永远不会忘记在学校学习、工作、生活的美好时光。他笑着说：“学校校名的字体，还是当时我和工美系的于洪兴老师，干了一天一夜，从宋朝大书法家米芾的碑帖上临集下来的。”看到母校能够抢抓机遇，进入新的发展空间，上了一个新的发展层次，潘博士感到由衷的高兴，感叹学校的发展今非昔比，迈上了新台阶。“一次性高水平整体规划的校园，一次性几十万平方米的建设，在过去是想都不敢想的，但现在已经变成了现实”。

谈及自己在学校的学习和生活，潘博士十分感慨，三年的校园生活，除了学到丰富的知识以外，他最大的收获就是知道要勤勤恳恳、脚踏实地做事、做人。在留校工作的时间里，也因为他的踏实勤奋赢得了领导的信任，他从校办秘书到校办副主任再到校办主任，这些经历，使得他的文字能力、全局意识、思维方式、办事能力和协调能力得到了进一步的历练，为他以后作为学人和领导打下了良好的基础。但大学专科的知识储备远远不能满足他进一步发展的需要，1999年他在东南大学文学院攻读科技哲学专业硕士学位，由此又开始了长达6年的学习再深造的过程。从一名普通的连云港职业大学的专科生，到东南大学的哲学硕士、中国矿业大学的管理学博士、南京航空航天大学的博士后，潘东旭学历见长的同时在学术上也成果日丰。

近年来，潘东旭发表学术论文10余篇，主持完成国家、省部级科研课题及地方政府应用型研究课题9项。2004年潘东旭进入南航“管理科学与工程”博士后科研流动站工作，师从周德群教授。进站以后，他围绕企业诚信方向开展了一系列创新性研究工作，取得了令人瞩目的成绩。2005 年入选“江苏省博士后科研资助计划”，获得江苏省哲学社会科学基金的资助。在 2005 年 12 月召开的“江苏省博士后学术大会”上，他的论文《上市公司诚信影响因素实证研究》从 296 篇论文中脱颖而出，被评为大会优秀论文。与导师一起指导的学生团队开展的《江苏省上市公司诚信研究》，获得第九届“挑战杯”飞利浦全国大学生课外学术作品竞赛三等奖，这是作为理工科为主的南京航空航天大学首次在社科领域获奖。2006 年潘东旭申请的“现代企业的诚信理论与实证研究”，获得该年度国家社科基金资助，成为南航获得国家社科基金资助第一人。2006 年《江海学刊》“江苏青年学人”专栏对他的学术成果进行了介绍，引起了较大影响和广泛关注。

潘东旭获得博士学位时在中国矿业大学留影（2004 年 6 月）

潘东旭选择的课题——企业诚信缺失是世界范围的难题。如何从理论上理解企业诚信、在实践中提高企业诚信水平，这是社会各界关注的焦点。2006 年作为课题成果的《现代企业诚信：理论与实证研究》由中国经济管理出版社出版。潘东旭博士在该书中采用理论研究与实证研究相结合的方法，从制度经济学的视角，在对诚信、企业诚信概念、内涵进行界定的基础上，比较中西方诚信观念的差别，第一次提出了诚信的三维分析结构与企业诚信的动态建立过程，从时间维度、约束维度、支撑维度分析各类因素对企业诚信的影响，构建企业诚信影响因素结构。书中还评价指标体系，利用问卷调查，运用结构方程模型，建立企业诚信影响因素路径图、结构模型图，定量分析影响因素的相关性及关联强度，验证各项理论假设并据此提出企业诚信的政策建议。这本专著在2007年获得了省政府颁发的“江苏省第十届哲学社会科学优秀成果三等奖”。

“芜湖是一座与家乡连云港同样美丽的城市，一个滨江，一个达海，但一样都有着良好的发展前景”。据潘博士介绍，早在多年前，芜湖就瞄准了要将自己建设中部区域性中心城市的目标，从芜湖的角度出发，向东对接长三角，融入南京都市圈。近年来芜湖凭借沿江区位优势，发展势头迅猛，已成为安徽省重要的经济增长极点城市。在中国社会科学院2007年《中国城市竞争力报告》中，芜湖列中西部非省会城市第一位。2008年，芜湖市地区生产总值达到749.7亿元，比2007年增长15.8%，全年实现财政收入123.9亿元，比上年增长17.8%，经济实力位居安徽省第2位。潘东旭说“安徽沿江城市各有优势，互为补充，只需假以时日，健康的城市群便能形成，城市发展的空间十分广阔”。

潘东旭在芜湖市发改委工作期间带领同仁们勤奋工作，参与编制《芜湖市国民经济与社会发展第十一个五年规划》。他工作过的镜湖区位于芜湖中心城区，是全市的政治、经济、文化、信息、金融、旅游中心和中央商务区，交通便捷、商业发达，生活、娱乐、休闲设施配套齐全，已经成为理想的宜商、宜居之地，有安徽省中有“经济实力第一区”的美称。芜湖经济技术开发区是我国中部地区非省会城市唯一的国家级经济技术开发区，综合实力在全国54个国家级经济技术开发区排名第19位，已在开发区落户的世界500强企业有23家，国际、国内的知名企业、上市公司60余家，拥有自主知识产权的民族品牌奇瑞汽车也落户于此。在镜湖区和开发区工作期间，潘东旭相继负责过经济发展、国企改制、建设拆迁和招商引资等工作。正像他所表述的那样：“我们的起点不高，只好比起点高的人治学更勤奋一点，做事更踏实一点，待人更诚实一点，三个‘一点’，我们一直在努力。”为自己第二故乡的发展作出自己的贡献，他感到开心和充实！

（郑硕　采访于2009年3月）

在希望的田野上

——记连云港百福来食品有限公司

董事长、总经理　杨怀祥

杨怀祥　连云港百福来食品有限公司董事长、总经理

籍　　贯：江苏省东海县

院系专业：经贸系(现商学院)乡镇企业管理专业1994届

座 右 铭：天道酬勤

"杨怀祥给我留下非常深刻的印象,他的踏实和肯干至今让我难忘",去采访的路上,当年9911班班主任、如今我校教务处骆汝九处长如是说。见到久违的骆老师,杨怀祥显得很高兴,当他们回忆起在学校的种种趣事时,不时发出爽朗的笑声。

一

"我来自农村,上职大时,家中兄妹五人里有四个同时念大学,家里经济很困难。到现在我都清楚地记得,当时我们每个月可以领到36元的补助,而一年级我就靠那点补助安排自己的学习生活"。想到那时的艰苦,他眯着眼睛慢慢说道。"他当时是班级的生活委员、校学生会的生活部长,"骆处长笑着说,"当时很多苦活累活都是他干,从来都是认认真真地完成。""是啊,我基本上天天协助值日生打扫卫生,我们班卫生评比总在前列,同学们都戏称我为'扫地先生'呢"。杨怀祥也笑了,"印象最深刻的是我们大二那年,学校开运动会,我和班长赵二宏商量,能否利用这一时机尝试一下经营活动。这一想法提出以后,曾有一些反对的声音,直到现在我都清楚地记得当时骆老师对我们说:'你们是学经济的,可以大胆地尝试,不要害怕失败',正是骆老师的鼓励和支持,让我们有了信心和勇气。我和朱登国、孙向东一起和校外的商店谈妥价格和数量,由商店负责当天赊销给我们,零售价格我们自己确定,早上送货到校门口,晚上到校门口结账,我们没有现金投入,没有风险,结果收入不错,三天时间我们共赚了近千元钱。最终,在班长赵二宏的同意下,给我们班每个人买了一个记事本,盖上班委会的章,作为这次活动纪念,剩余的钱全部作为班费使用了。这次小小的尝试,让我有了另一个绰号'杨老板',同时我发现自己喜欢琢磨一些商业的事务,如何发挥各自的优势,合理调配资源,以求和谐共赢的商业目标。"听到这些,骆处长连呼没想到,作为老师,也许无意中一些激励的话语,会对学生的成长产生如此深远的影响。

二

1994年,毕业后的杨怀祥在参加连云港如意集团招聘时,当时的总经理侍守江先生问:“为何选择如意?”他回答了两点:“首先,‘民以食为天’,食品行业前景广阔;其次,出身农村,不怕吃苦。”正是凭着朴实诚恳的话语,打动了老总的心。当时的连云港如意集团成立不久,是一家以农副产品种植、加工、出口为主业的贸、工、农一体化,产、加、销一条龙的综合性企业集团,主要产品包括冷冻蔬菜、保鲜蔬菜、盐渍蔬菜等。当时所有进入集团的大学生,都必须从最基层的操作工人做起,整整三个月,杨怀祥先后腌过萝卜、紫苏,干过冷冻,做过库工,基层岗位转了一圈。“那时的我年轻,有激情,有勇气,敢想敢干。我做过最大胆的事就是给我的老板写过两封信。第一封信是在内部双向选择时,我分析了当时的市场环境,大胆提出国内市场大有可为,不能忽略不计。当时集团正准备成立内贸部,我就顺理成章地进入内贸部工作。第二次是内贸部解散后,公司调我到总裁办公室工作,工作两周后,我又给老板写信,要求去国际贸易部做一名普通的销售人员。我觉得我的特长还是在销售方面,在办公室不能发挥我个人的能力和优势。这一次,我又如愿了。”进入国贸部的杨怀祥,兢兢业业做着自己的销售工作,凭借自己良好的业绩,在几番部门精简人员中都幸存下来。

杨怀祥在国外考察时留影(2005 年 10 月)

正当杨怀祥觉得前途一片光明时,他遭遇了人生一次重大的挫折。“1995 年,如意集团准备成立合资公司连云港味之素如意食品有限公司,前期大量的具体筹备事务由我负责办理，经常加班到半夜才骑车回家，紧张的工作压力和超负荷的劳动下我患上重感冒，因持续带病工作，继而引发了心肌炎，在医院整整待了八个月。上班两天后又复发，又住院两个月，再上班后的第二天，在上班的路上班车发生了车祸，右耳朵被缝了21针，又住院一个月……那一年多的时间，我基本是在医院的病床上度过的。当时家庭经济比较困难，不可能到市里的医院住院，只能到家附近的乡镇医院去。我永远不会忘记我的父母借了辆平板车，每天拉着我去医院时的背影。”眼前这位淳朴敦厚的农家汉子眼睛悄悄地红了，“每天我躺在平板车上，感觉自己就在生与死的边缘徘徊。经历过这些磨难后，我的心态更加平和，相信今后再苦再难的日子都能坦然面对了。”

1997年开始，越来越成熟的杨怀祥在事业上如鱼得水，想法也更加大胆。他的销售不再针对老客户，而是专门开发新客户群。然而国有企业落后的分配制度又一次刺激了他，他对此产生了深深的怀疑。“我想自己创业主要是受了两件事的刺激，第一就是因为我的病，尤其是车祸。按道理说我是工伤，但是因为我在企业工作时间短、职务低，医药费只能报销30%，一年多的时间，公司每个月只发给我120元，前前后后上万元的医药费对于一个农村家庭来说压力无疑是巨大的，那次我的心受到了重重的伤害。第二次就是当1997年我在没有花公司一分钱的情况下，为公司净赚了15万，却没能按约定拿到我的销售提成时，我感到这种体制让我窒息，我必须走出适合自己发展的路。”

三

在如意集团的几年间，杨怀祥深深懂得了一个道理：要创业，必须敬业，必须专业，必须对这个行业、市场非常熟悉，自己只有成为该行业里的专业人士，才可能会有所成就。1998～2003年这五年间，杨怀祥慢慢脱离如意集团，凭借自己良好的商业信誉，开始了自己创业的探索。刚开始，他手里没有多少资金，无法自己建厂，于是找到山东一家濒临倒闭的加工厂，与他们商谈合作事宜。每当他开发出有竞争力的新产品、成功地推销给客户时，他就找到这家工厂代为加工。两年后这家工厂就扭亏为盈了，盈利达到100多万元，到了2005年这种合作模式已经非常成熟，杨怀祥手里已经有三家类似的工厂替他代为加工，他掘到了人生的第一桶金。

“速冻食品行业的竞争非常激烈，曾经为我代加工的工厂偷偷生产相同的产品销售到同一市场甚至同一客户的手里，价格却便宜许多。这种恶性竞争让我明白只有自己建厂才能彻底规避该类风险，才可以在此行业生存发展。2005 年，我在家乡东海县白塔埠镇投资建立了连云港百福来食品有限公司，目前以速冻绿笋、草莓、洋葱、大蒜为主导产品，全部出口到日本、欧洲、美国等地。我们在东海县的双店、洪庄、黄川、白塔埠甚至远到山东省苍山、内蒙赤峰、东北长春等地建立自己的原料基地，从源头上保障蔬菜的品质。每一批出口产品都建立了详细的生产资料，一旦发现问题，甚至可以追踪到具体哪块基地生产出来的。我们这个工厂不仅是我们事业发展的基础，也包含越来越多的社会责任。”看到我们疑惑的表情，他慢条斯理地解释道：“我们现在是工厂加农户的生产模式。举个例子来说，现在厂里一年生产 5000 吨成品，就需要 1 万吨以上的原料，这些原料要由将近两万亩土地生产，这就需要有近万个农村劳动力为此生产劳作，就是说我们的工厂的经营与近万名农户的收入息息相关。”

四

他的话语简单，却包含了发自内心地对农民兄弟的深情。“2008 年里的一天凌晨四点，一名农民工人因为自身操作不当，胳膊被卷入了机器里，断成多节，血肉模糊。当我接到消息时，我的第一反应是不惜一切代价降低身体健康的损失。五点多我们赶到市人民医院，医生告诉我们她的胳膊需要马上截肢。我们不甘心，连问是否还有其他办法可想，最终医院说青岛 401 医院也许还有可能救治，但希望不大，不能确保！有可能就努力争取，事不宜迟，我们火速开车前往青岛。当我们下高速时，事先联系好的 110 和 120 早已在那里等候。手术从上午 10 点一直进行到晚上 11 点，三批医生进进出出，最终工人的胳膊奇迹般地被完好地保住了。”他淡淡地说，“我曾经经历过生病时肉体和精神上的双重折磨，更能体会受伤工人的感受。在青岛一个多月期间高昂的住院费、医疗费用全是我工厂负责，同时工人在家休养期间仍然按照上班时的工资拿。在我的心里，每一位员工都是自己的兄弟姐妹。每人都有困难的时候，每人只要用心地做精自己分内的工作，我们的工厂就是一个永远充满勃勃生机的团队，永远会行进在行业的前列。”

杨怀祥的语气始终是平和的，谈及母校，他那种自然流露的深厚感情打动了记者。“以前的职大，条件很差，但我对母校的感情很真很深。我是从这里步入社会，从内心深处非常感激在上学期间，在我困难时期热心帮助过我的老师和同学，那种感情是无法用语言来表达的……每次经过已成为一片平地的职大旧址，总是欷歔不已，看到职大新校区时，又觉得欣喜不已，我相信我们母校的发展会更上一层楼的。”

在这片充满生机的田野上，他找到了自己奋斗的方向。如是，足矣。

（韩燕　采访于2009年3月）

执着与随缘

——记汉高华威电子有限公司副总经理、总工程师　成兴明

成兴明　汉高华威电子有限公司副总经理、总工程师

籍　　贯：江苏省连云港市

院系专业：化工系(现医药与化工学院)有机化工专业1986届

本次采访本来是去年5月就开始准备筹划的，但因为被采访对象经常出差，奔波于世界各地，少有机会在家，因而一再推延。3月30日，记者终于有机会和他大学时代的老师、机电学院的及秀琴书记一起驱车到他所在的公司——汉高华威电子有限公司去采访。汉高华威电子有限公司位于宋跳高新工业园，是一个高新企业，其行业地位仅次于第一、二位的日本住友、日立而排名世界第三。公司里面很安静，到处绿草如茵，办公楼后有两块绿色的网球场及一块篮球场。门卫很客气地让我们按照公司规定当面电话联系、登记、领取来访证。他在公司5楼一个很安静的会议室里，拨冗接受了记者的专访。

一

你觉得一名就职于世界500强跨国公司的核心企业的总工程师、副总经理、省级工程技术研究中心主任、教授级高工，2008年作为我市4名受到江苏省政府表彰的有突出贡献的中青年专家之一，他的学历应该是多高呢？

你觉得一名凭借出色的技术管理才能以主研身份承担完成国家863项目1项，国家高技术产业化示范工程项目1项，信息产业部电子发展基金项目5项，国家“八五”、“九五”攻关项目2项，他的学历又应该多高呢？

你觉得其科技成果多次获国家科技进步奖，被评为国家级新产品、省高新技术产品并实现产业化生产，技术达国外同类产品水平，填补国内技术空白，替代进口，降低了国内行业的生产成本，带动了我国硅微粉、树脂等相关产业的发展，大大促进了我国集成电路和电子器件的发展，推动了我国电子封装产业的进步，他的学历是多高呢？

你觉得在国际性学术刊物和重大的技术会议上发表了《Stress Reduction of Epoxy Molding Compound and Its Effect on Delamination》、《绿色封装环氧塑封料封装研究》、《环氧塑封料性能及其发展趋势》、《集成电路塑封料行业现状及发展趋势》、《探讨半导体塑封材料市场及技术动向》等多篇论文，多篇获优秀论文奖，作为第一技术发明人成功申请发明专利2项，同时作为标准主要起草人与信息产业部电子工业标准化研究所联合编制修订了中华人民共和国电子行业标准《环氧模塑料》的这样的行业顶级专家，他的学历有多高呢？

你一定会猜想，能取得如此非凡业绩的人，这人说不定是个哈佛、剑桥的海归，或者清华、北大的博士，至少也得是南大、东大的科班出身！

让我告诉你，他就是我们学校的一名毕业生，曾经和我们上万名普通的同学一样。他原来也是个大专生——1986 年，他毕业于我校化工系有机化学专业。

二

现在，拥有无数光环却又异常低调的他就和记者相对而坐，促膝而谈。他，连云港市海州区人，1983 年毕业于江苏省海州高级中学，同年考入连云港职业大学有机化工专业，为连云港职业大学首届优秀毕业生。

“我的成绩在海州中学排在前 20 名，但那年本科只考了 13 个。新海高中考了 30 多个！所以，我在职大的时候成绩很好！”他微笑着说，“及老师是我们《机械制图》课的老师。我们班是 2831 班，就是 2 系 83 级 1 班的意思”，他给记者解释，“那时的职大和现在相比的确是初创时期，就只有化工、机械、建筑三个专业，三个专业其实也就是三个班而已。一年级时还是借建筑技工学校的教室上课，二年级在职大最早的那个三层小楼上课。学校周围是一片芦苇荡啊！”

凭借扎实的专业知识，1986 年他毕业时放弃了到机关工作的机会，加盟了当时的国有企业连云港电子器材厂（现为汉高华威电子有限公司），一干就是执着的 20 年。历任公司车间副主任、质量部部长、技术部部长、副总工程师、总工程师。现任汉高华威电子有限公司副总经理，主管产品研发、生产技术、质量控制。2002 年的时候，承担国家 863 项目攻关任务，作为项目负责人，他领导的技术团队里就有南大、川大、成都科大等许多名牌大学的毕业生，而现在他领导的技术团队，包括了博士后工作站的诸多博士。

三

自从职大毕业进入现在的华威公司，他从事电子材料新产品研发和生产技术管理工作。多年的钻研和积累，他在集成电路封装材料方面具有深厚的理论功底、丰富的实践经验和独到的技术见解，并在电子级硅微粉、电子级树脂及集成电路封装技术领域有很高的理论研究，是国内外电子封装行业的知名专家。被评为江苏省有突出贡献的中青年专家，先后破格晋升工程师、高级工程师，获得江苏省“333工程”首批中青年科学技术带头人，江苏省技术创新先进个人，连云港市政府津贴专家，连云港市优秀工程技术人员，连云港市“五一创新能手”，连云港市知名专家等无数荣誉。

他具有杰出的科技开发和组织能力。在他的带领下，产品研发生产以科技为先导，以市场为龙头，大力提高产品科技含量，通过采取外抓市场开拓、技术跟进与服务，内抓产品质量，加大科技投入的措施，加快新产品开发步伐，紧紧跟踪世界环氧塑封料最新技术，在满足国内市场主流技术产品需求的同时，进行前沿的核心、关键技术开发，做好潜在市场的技术储备工作。他多年来一直在科研的第一线，凭借出色的技术管理才能以主研身份承担完成多项国家、省市重大科技项目，降低了国内封装行业的生产成本，带动我国硅微粉、树脂等相关产业的发展，大大促进了我国集成电路和电子器件的发展，推动了我国电子封装产业的进步，经济、社会效益十分显著。

多年来，他吃苦耐劳、无私奉献、敬业爱岗、勇于创新，带领公司科技攻关组以技术创新求发展，全力打造企业核心产品，在技术创新、新产品开发、工艺改进、质量控制等方面作出了重要贡献。他经常到客户中去了解市场，为市场研发新品，并为公司培养了一批具有国际水平的高层次研发人才队伍，为公司继续保持跨越式的发展提供了有力的技术支撑和人才保障，为我市硅资源产业的发展作出了积极贡献，为我国电子封装材料的发展发挥了重要作用！

这，就是他 20 多年对技术、科研的执着！

四

汉高华威电子有限公司的前身是国有的连云港电子器材厂，后进行股份制改造，国有的连云港金海投资拥有 35％的最大份额的股份，包括他在内的公司高层拥有 24％的股份，后与世界 500 强企业德国汉高合作，国有股退出，德方成为控股方。估计，最终公司将可能成为德方独资企业。目前，公司实力强大，拥有博士后流动工作站、江苏省集成电路封装材料工程技术研究中心、江苏省微电子材料技术中心，生产上拥有 11 条自动化模塑料生产线，是中国规模最大的环氧模塑料制造商，并被认定为国家重点高新技术企业，国家 863 计划成果化产业化基地。

因为他对事业的追求，事业也给他带来了荣誉、名声、地位和金钱，但他对这些倒是看得很淡。当我们问起如果公司独资，他对职业发展有何规划时，他说："我们将成为职业经理人！我个人会继续从事本行业技术研发及管理工作，并向国际化职业经理人发展。目前，我们国家对国际化的现代经理人需求也越来越大，国际化职业经理人需要具备国际视野，具备在国际环境中能够成功利用自身的技能和知识，同时，应以经营管理企业为职责，将所经营企业成功视为自己人生成功，通过管理企业实现自身价值。这也正是我一直以来追求的目标！虽然我已有 20 多年的技术研发经验，在专业技术领域也取得了不少成绩，积累了较为丰富的知识，但以后还会接触到更多挑战，还要继续学习新的知识。近两年，我在工作之余，参加在职工程硕士考试，通过自身努力学习，已顺利通过国家统考，现在是一位南京大学化学工程专业的硕士研究生，并且在英语方面也有大幅度的提高……"最后，他又微笑着，坦然地告诉我们："我个人可以掌控的，我会努力去做，至于结果如何，我不会考虑太多，只想不给自己留下遗憾，其他的一切随缘。"但随缘并不等于放弃，而是放弃该放弃的，争取该争取的。原以为生命只有追求，事业即是拼搏，执着才是成功之道，执着需要毅力，但能冷静、理性地对待自己，一直能做到随缘也许更需毅力。虽然，有缘无缘可能全在一念之间，但是能真正做到随缘而安、随遇而安却需要不断的修炼啊。一场采访，他让记者悟到许多！

请同学们记住这位学长的名字——成兴明！

（郑硕　采访于 2009 年 4 月）

少年壮志不言愁

——记连云港市公安局治安支队行动大队侦查员　王桓穆

王桓穆　连云港市公安局治安支队行动大队侦查员

籍　　贯：江苏省连云港市

院系专业：外语系(现外国语学院)外贸英语专业1997届

“几度风雨/几度春秋/风霜雨雪搏激流/历尽苦难痴心不改/少年壮志不言愁……”，现在的孩子们已经不太知道20多年前的1987年，一部叫做《便衣警察》的电视剧一夜之间风靡全国，成为公安文学史上里程碑式的作品，而其中的插曲《少年壮志不言愁》更是红遍了长城内外、大江南北，歌曲的主唱刘欢也从此为世人所知。今天，本文的主人公就是一位便衣警察，一位充满了传奇经历却又默默无闻的优秀侦查员——王桓穆，1997年他毕业于我校外语系外贸英语专业。

一部传奇的故事

一口标准的普通话、一张刚毅的脸、一头短发、一副挺拔的身材、一双炯炯有神的眼睛，浑身显示出一种干练、精神和警觉，但他并不是你看到的警察，因为他几乎从不穿警服；你也不会了解他的生活，虽然他可能就守护在你的周围；你甚至很少有机会看到他的身影，因为他执行任务的时候，你大都已经在深夜的沉静中熟睡……他和他无数的战友们一样，有着许许多多的传奇故事，但这些故事很少被人们所知。

“我可以给你讲一些故事，但因为我的工作性质，这些故事大多数是不能在文章中出现的！”王桓穆多次婉拒了记者采访的邀请，在得到记者所有采写的文章都会得到被采访对象的审阅，然后才能发表的承诺后，他接受了记者的采访。

“是的，我们的故事就和电视剧里反映的一样，甚至比电视剧里面的更精彩、更复杂，因为某些精彩和复杂有保密的需要，电视剧里并没有表现！”王警官这样概括他的警察工作。

当上警察就意味着牺牲，牺牲时间、牺牲休息、牺牲与家人的团聚，甚至是牺牲生命！1999年1月的一天，春节将到，凌晨一点，他和战友们在马路上巡查，保护市民过一个祥和快乐的春节。“当时我发现一个青年形迹可疑，对他开展了盘问，在我从他后面对其进行搜身时，我忽然感觉头顶有一股寒气，就下意识地抬手一抓，抓到了一把斧头！一抬头，那把寒光闪闪的斧头正对我的脑门砍来！也许，再迟0.1秒，我的脑袋就开花了！”王警官说起曾经的生死时刻，口气平淡，好像在说一件轻松的小事。显然，这样的事情他经过的已经太多！“现在，全国平均每天牺牲一点几名警察！也就是说，平均每天至少有一名警察为了保护人民的生命财产安全献出生命！”王桓穆说。

其实，做人民警察只有将生死置之度外的男子汉气概还远远不够，智慧的作用同样重要。王警官举了一个抓赌的例子。我市某某县一度赌博成风，严重败坏社会风气，群众意见很大。但这些地下赌场组织严密，反侦查能力很强，大多有层层岗哨放风，一旦发现风吹草动，放哨人员立即用手机报信，在很短时间内进行疏散，逃避公安机关的打击。一次，他们要设法端掉一个设在建筑工地上的赌场，因该赌场组织严密，地形特殊，侦查人员采用了多种方式，化装进行贴靠，均没能成功。警力靠不上，窝点端不掉，怎么办？最后，王桓穆提出了一个大胆的想法，用一辆工程用的翻斗车，警察藏在翻斗车里进行贴靠，而赌徒们怎么也没想到警察会采用这种方法从天而降，抓他们一个人赃俱获！

一个奉献的背影

在这些具有传奇色彩的故事里，每一名警察个人都是很不显眼的，普通得就像一滴水。

2007 年 4 月，王桓穆参加了震惊全国的任晓峰盗窃银行金库 5100 万元案的侦破工作。“4 月 18 日之后那几天，我们每天睡眠不到 3 小时。”王桓穆回忆道。从 18 日晚上 10 点多钟，他就和战友们一道在指定位置设伏，整整几夜没有合过眼。实际上，任晓峰进入连云港不久，警方就已经抓住了他露出的狐狸尾巴。17 日下午 3 时，市公安局接到轿车专卖店老板反映：16 日，该专卖店出售一辆轿车给一名男子，登记购车人的姓名为刘剑峰。17 日，该男子来专卖店要求把车退掉。专卖店工作人员发现此人与“4・14”邯郸农业银行金库被盗案通缉人员很相似。警方经比对发现，该男子所留的身份证号码为河北省邯郸市，之后通过监控发现，该男子是从汾灌高速公路到连云港市西出口进入市区的。随后，王桓穆和他的战友们一起对全市的所有车站、码头、宾馆、出租房进行地毯式排查，两天两夜没睡。法网恢恢，疏而不漏，正是有成百上千像他这样不辞辛苦连续作战的警察们艰苦细致的工作，才使银行大盗任晓峰在很短的时间内落网。

除了许多刺激的侦探故事，公安工作中还有许多琐碎的平平常常的事情。为成功打掉一个违法犯罪窝点，往往要经过长时间的前期侦查，团伙犯罪往往涉及人员少则十几人，多则三四十人，然而警力少，任务重，他们从抓捕、审讯、通案到处罚等一连串的工作都必须在法定的 24 小时内完成，渴了喝口矿泉水，饿了啃口方便面。

公安工作时刻面临着来自方方面面的危险，他们在披星戴月搞侦查、端窝点、查案件的同时，既要注意自身安全，又要确保嫌疑人员的人身安全。有些犯罪嫌疑人被捕时情绪非常冲动，容易出现反抗、自杀、自残等过激行为，要想成功避免此类问题的发生，侦查人员不但需要有较强的业务素质，更要具备细心、谨慎、一丝不苟的工作作风，并时刻保持紧张有序的工作状态，否则，后果不堪设想。

“公安战线人多，人才也多，他们舍小家，顾大家，不顾自身安危，许多人就是这样默默无闻地干了一辈子！他们的确是真正的英雄！”王桓穆真诚地说。

一颗炽热的心脏

“警察真是太辛苦了，压力也太大了！下辈子我一定不做警察，但既然这辈子做了，就一定要对得起自己的良心，做一个好警察！”王桓穆由衷地说。多年的辛苦操劳，他的胆固醇、血脂、血糖都偏高。

“真正可怕的不是犯罪分子，真正可怕的是因为从事的工作给自己和家人带来的压力！”王桓穆解释说：“我所在的部门就是查处那些有保护伞、地方查不动的疑难案件。一方面，面对穷凶极恶的犯罪分子，常常要面临生死考验；另一方面，要经常面对社会阴暗面，在与违法犯罪作斗争的过程中，要想秉公执法，就要顶住来自方方面面的压力，这其中的复杂不是常人所能想象得到的。”“但一名警察，匡扶正义是他的职责，义无反顾啊！我是农民的儿子，我觉得自己还保留了最初的那一份淳朴！十几年的摸爬滚打，虽然吃了不少苦，为警察事业付出了自己的青春年华，但我从中得到了锻炼，使自身能力得到了全面的提高，在平凡的岗位上创造出不平凡的业绩，体现了自身的价值！”

王桓穆的谈锋甚健，看得出来，和当年老师的交流让他很松弛，他甚至感谢老师能和他交流，“能和老师交交心，心里真的很高兴！”他微笑着说。是啊，汪艺老师是他大学时入党的介绍人，刘晓雄老师是他当年的班主任，而他自己当年是“首届红杉树教育奖”的获得者，学校学生会秘书长。他感谢母校，在那里他学到了知识，更重要的是在那里他学会了如何与人相处，学会了做人。

毕业后，他是1997年12月通过考试成为一名人民警察的。优秀的素质、多年的努力，他也获得了许多荣誉，多次立功受奖……但是，他把这些看得很淡！

他的单位办公室和他的家仅仅是一路之隔。有时候，加班之余他站在办公室的窗口就可以看见家里温暖的灯火。妻子和孩子在家里等着他，而他却几天几夜不能回家，因为作为一名警察，他的任务就是保护更多的家庭，让每一个家庭的窗口都能亮起一方温暖的灯火。

就像那首歌里唱的那样："几度风雨/几度春秋/风霜雨雪搏激流/历尽苦难痴心不改/少年壮志不言愁……"

（郑硕　采访于2009年4月）

捎来春天的人

——记连云港市就业训练中心主任　刘永波

刘永波　连云港市就业训练中心主任

籍　　贯：江苏省连云港市

院系专业：外语系(现外国语学院)外贸英语专业1996届

纯粹是巧合，对刘永波的采访安排到了“五一”劳动节的假日里。记者约请刘永波主任的时候，他定的交流地点不是茶楼，也不是咖啡馆，更不是酒店，而是他在劳动保障局的办公室里——他在“五一”这劳动者休息的假日里还在为劳动者而“劳动”。“郑老师，如果您不介意的话，到我的办公室里喝茶，怎么样?”他在给我的短信里这样回道。

于是，“五一”节的下午，在他的办公室里，我们相对而坐。可以想见：不远处瀛洲路和朝阳路上正流淌着匆匆的车流；购物、旅游、聚会，人们正享受着这美妙的假日；暮春的港城，满眼绿色，阳光和煦，到处是一派勃勃生机。

一

在全球金融危机的大背景下，大学生就业、创业就显得更加重要。我个人觉得，大学生就业难，一方面是由于大学生的能力和专业的问题，但更重要的是各级政府要尽责任和义务！让大学生和农民工抢饭碗是不正常的！大学生的长处更多地体现第三产业方面。各级政府应该努力发展地方经济、调整产业结构，为大学生的就业和创业创造更好的外部条件！

——刘永波语

目前，大学生就业是社会关注的核心问题之一，我们的话题也是从此开始的。刘永波主任告诉记者，连云港市就业训练中心隶属于连云港市劳动保障局，是市政府办的公益性的、不以盈利为目的的培训组织。经国家劳动部批准，他们去年举办了创业培训师资班，目前拥有 SYB(创办你的企业)培训师资 60 人，覆盖全市。今年四月份，我市出台了有关创业就业的实施意见。连云港市就业培训中心将免费为连云港籍的未就业大学生免费提供创业培训约 80 课时，使用的教材是国家劳动部和世界劳工组织专家编写的权威教材。

为了让包括大学生在内的更多的人了解创业和就业，市就业训练中心携手市电视台于今年 4 月 11 日至 12 日在苍梧绿园举办“连云港市第二届创业成果展示暨创业项目推介会”。市委常委、常务副市长张同生等领导到会。活动采用现场直播形式，由央视著名主持人撒贝宁与市电视台李华（我校毕业生）共同主持，约有10000多人参加了此次创业项目推介会，在大学生中也产生了轰动性影响。

他们不光是对大学生就业、创业进行培训，同时，他们还牵线搭桥，为他们创业寻找项目、设立创业孵化基地，还邀请专家，对大学生创办企业情况进行后续跟踪。刘永波主任介绍说，目前，经过他们的艰苦工作，数字旗美、蜗牛之家、四季农产品交易中心都成了他们的孵化基地。“政府补贴一点、企业让利一点、自己再拿一点”，刘永波主任说：“这样，大大减轻了大学生创业起步阶段的难度，为他们的成功第一步提供了极大的帮助！”

二

> 社会出现没有土地、没有工作、没有保障的群体，这是非常危险的！这是关系到社会稳定的政治问题。授人以鱼，不如授人以渔。我们努力工作，培训更多的人，让他们掌握生存的本领和技能，帮助社会的弱势群体树立生活、事业的信心，也为社会的稳定和发展尽一份力量！要把就业工作当作政治工作来做！
>
> ——刘永波语

其实，为大学生提供就业、创业培训只是连云港市就业培训中心工作的一部分。中心要为全市下岗人员、进城务工农民、新增劳动力和毕业大学生免费提供各种培训工作。比如，创业项目推介会就是对全社会进行的宣传。从宣传创业典型事迹、推荐创业项目、解读创业政策到提供创业技能培训、解决创业难题等各个方面，为有志于创业致富的群众提供全方位的服务，推进全民创业、全民就业系统工程。

推介会上参展的项目有50多个，是从培训中心收集的近200个供创业查询的项目中精选出来的，涉及机械、教育、娱乐健身、餐饮、医药、商贸、手工技术等。参展商中，有的是为寻找合伙人，有的是寻找加盟商，有的是想转让专利技术，受关注最多的还是那些投资小见效快的小型加盟项目。

在现场直播的“创业论坛”节目中，他们邀请有关领导对现场观众提出的创业扶持政策和开展免费 SIYB 创业培训等问题进行解答。推介会现场，中心专门设立一条“绿色通道”，帮助想创业的人第一时间了解最新扶持政策，并帮助下岗职工现场申请小额担保贷款。

为了更好地服务更广大的人群，他们还不用常规的思维，探索了许多具有创新意义的工作。比如，他们尝试把培训工作外包，自己腾出精力进行管理。

在刘永波那里，记者还看到了这样一组数据：“2008 年，连云港市就业培训中心共组织再就业培训 2039 人，社会培训 459 人，特种作业培训 3219 人，农村劳动力培训 1018 人，外市来连务工人员培训 2300 人，退役士兵培训 500 人，残疾人培训 191 人，技师培训 96 人，订单培训 881 人。”数字是枯燥，但这些枯燥的数据里面，包含了以刘永波为主任的全体连云港市就业训练中心人的艰辛劳动！

三

我从来没有忘记我是农民的儿子，所以面对那些普通的、需要帮助的人群时，我感同身受！从感情上，我对他们有认同感！科学发展、建立和谐社会，应该让他们也能从国家的发展中受益，感受到党、国家、政府在帮助他们，社会在关注他们。我们共产党人的理想是共产主义，我的理想那就是最高层次的科学发展、和谐社会！

——刘永波语

我突然发现，相比于谈他个人，他说得更多的是他的工作。关于他自己，他说得很少。可是，个人的价值不就是在那些看似普通却又是踏踏实实的工作中一点点地体现出来的吗？

刘永波是我校经贸系 1996 届会计专业的毕业生。在校期间就是一名非常优秀的学生，1995～1996 年曾是我校学生会主席，求学期间就光荣地加入了中国共产党。因为是学生会干部，他在校时和当时的校团委领导陈建国、孙继才等都建立了亦师亦友的深厚友谊。

谈起母校，刘永波流露出深深的感情，他动情地说：“也许我的智商并不比其他人高多少，但我自信我的情商是比较高的，于是我一直有很好的人际关系。而这良好的人际关系的建立，和我当年在职大担任学生会主席时的锻炼摔打是有很大关系的！虽然，大学生干部并没有什么报酬，他们承担的是更多的责任，操更多的心，但我觉得这种锻炼让我一生受益。我感谢我的母校曾给了我这样的机会！”

因为他在学校时的实力和实习期间的出色表现，刘永波结束实习后就留在了连云港市劳动保障局工作，他也没有辱没职大学生会主席的荣誉。2003年，他就成为就业管理处的副主任，28岁，他成为局里最年轻的科级干部。

“其实，我又有何德何能？但别的我不敢说，我10年干了许多人20年的工作。刚上班那几年，几乎每天早到半小时，打扫好办公室。晚上，十点以前很少回家，常常吃快餐面。2000年的时候，自己是业务科长又兼财务科长，于是白天单位忙业务，晚上回家忙财务。”刘永波感慨道：“不过，能者多劳，同时劳者也多能啊！自己的能力得到很大提高，人也活得很充实！”

刘永波说的一个细节给记者留下了深刻印象。他来自海州洪门农村，后来母亲“土地带人”转成了城市户口。“那时候的城市户口是许多孩子的梦想！就像现在，许多人梦想找一份好些的工作一样！我上小学的时候，农村的孩子每学期交一块钱，城市的孩子交两块钱。我记得自己转成了城市户口以后，上学时我交了两块钱的学费。老师不知道，又找给我一块，我就又把那一块钱还给了老师！我也是农民的儿子，所以面对那些普通的需要帮助的人，我感同身受！”刘永波真诚地说。

经过席卷全球的金融危机的寒冬，春天又来了！春天是希望的季节，到处是绿色，正是因为有了这绿色，才有春华秋实。我想，也许人生就是这样，不管是城市下岗失业人员、进城务工农民，还是新增劳动力和毕业大学生，许多人的人生也要经历一次寒冬的洗礼，而走过寒冬，春天仍然要来！就像英国著名的抒情诗人雪莱的那句著名的诗句：“冬天来了，春天还会远吗？”

刘永波，为那些在冬天里煎熬的人们提供了帮助，让他们有机会走向人生的春天。

刘永波，捎来春天的人！

（郑硕　采访于2009年5月）

用自己的力量构造未来

——记徐州纵横钢结构工程有限公司总经理　张　铁

张　铁　徐州纵横钢结构工程有限公司总经理

籍　　贯：江苏省徐州市

院系专业：化工系(现医药与化学工程学院)精细化工专业1990级

张铁和他的同学们是我校建校历史上一批身份特殊的学生。20 世纪 90 年代初，为了拓展学校办学模式，改善我校专业结构设置，当时的连云港职业大学与兄弟学校彭城职业大学(现徐州工程学院)签署了对等培养协议，双方交换了一批学生在对方学校里学习生活，张铁就是在这样的背景下来到了连云港，开始了为期 3 年的学习生涯。

“在我心里，职大才是我真正的母校，虽然我拿着彭城职大的毕业证书。这不，一听说老校区要拆迁，同学们纷纷要求找个机会回到职大看看，去年的 5 月 2 号，我们举班办了毕业 15 周年同学聚会，老师同学们欢聚一堂，很是热闹啊。不少同学专程去老校区的校园里转了转，操场上走了走，我们还来到主楼里看了看当年的教室，缅怀一下过去美好的纯真年代。这些年，我也经常回到连云港，看到听到职大发展很快，心里非常高兴。我们都深知，老校区的硬件设施简陋，阻碍了学校的快速发展，新校区这一拆迁，似乎属于我们记忆中的青春岁月真的就一去不回了，心里还真是舍不得啊。那次聚会，我们班的同学特意在主楼前合影留念，真正和老职大校园告别了。再次相聚时，我们就会在新校园里畅谈人生了。”一落座，张铁就滔滔不绝地讲起他们去年聚会时的情形。看得出来，他对母校的感情很深，对那片土地充满了留恋之情。

“我们是第一届对等培养的学生，那时我们班差不多有一半的同学来自徐州，大家初到异乡求学，心里的不适应感还是很强烈的。当时的书记祈新荣老师很是照顾我们，对我们非常好，真切地让我们感受到亲人般的温暖，现在回想起来，心里还是暖洋洋的。当年的张萍老师刚毕业，站在讲台上看起来和学生没什么两样，很年轻。想起钱清华老师还有班主任张荣成老师，想起那时老师同学之间真挚的情谊，这么多年过去仍然难以忘怀。”他微微一笑，“我当年在班级里还是团支部书记呢。当时的团委书记陈建国老师教会我很多东西，那时我们学校的共青团工作在连云港市也是首屈一指的，我们班也曾获得过‘市标兵团支部’称号哦。”提及母校的老师们，张铁的语言中充满感情，记者也不时地向他介绍一下学校和老师的近况。

1993 年，告别了生活三年的连云港，怀揣着彭城职业大学毕业证书的张铁回到了家乡徐州，机缘巧合中他进入了徐州飞虹网架集团，从事了一个和他专业丝毫不沾边的行业——网架行业。所谓网架，简单说就是用钢材(大部分是钢管)焊接成两个平面网。然后再将这两个平面网用竖向的钢管焊接成一个立体结构网，通常是将两个网格上下错位叠放，将一个小网格的节点对中另一个小网格的中心，焊接成四棱锥立体结构。目前主要用于大、中跨度的公共建筑中，例如体育馆、飞机库、俱乐部、展览馆和候车大厅等，在中小型工业厂房中也开始推广应用。跨度越大，采用此种结构的优越性和经济效果也就越显著。徐州号称“网架之乡”，拥有双甲资质的企业就有七八家，十年的辉煌曾创造了整个行业数十亿的产值，而飞虹网架，当年更是全行业中的佼佼者。初入职场，张铁也曾苦恼过，三年所学的精细化工专业毫无用武之地，一个全新的行业、全新的领域摆在面前，怎么办？学！没有退路的张铁硬着头皮开始了全新的学习，从技术岗位到营销岗位，每一步他都很努力地前行着，不懂就向别人虚心请教，失败就擦干眼泪从头再来。这一干就是十年。

到了2003年，一度代表着行业领先技术的飞虹网架，随着南方同类企业的迅速崛起，遇到了前所未有的市场竞争挑战，加之飞虹本身这个国有企业经营管理理念上的束缚和落后，影响逐步式微。这时，张铁瞅准时机，凭借着十年摸爬滚打中积累的丰富经验，和朋友一起创立了徐州纵横钢结构工程有限公司，开始了创业生涯。创业之初的艰难，他很少提及。他谈得更多的是目前公司的状况，“目前，公司规模不是很大，但还算是健康发展吧。我们的业务已经远到新疆、辽宁、河北等地，甚至在连云港也有我们的工程项目，罗盖特连云港有限公司的网架就是我们公司做的，河北省承德市有好几所学校的网架工程都是我们做的，那也是相当的漂亮。当初职大新校区建设时，我们也曾参与招投标，我想要是能有机会为母校的建设出一份力，那该多好。虽然最终没能如愿中标，但是始终关注学校发展的这颗心可一点都没变哦。”他笑着说。

“其实，我离优秀毕业生的标准还远着呢，这么多年，我对自己的评价是已经找准定位，立足于社会。对于即将毕业踏上职场的学弟学妹们，我非常想通过切身体会，告诉他们一些人生经验。其实，很多时候毕业于什么学院、什么专业真的不重要，重要是你在学校里是否学会了分析问题、解决问题的能力。学是一个学习的过程，或许你所学专业在毕业以后再也用不上了，但如果你拥有正确的学习能力，能够勤奋、认真地面对一切，终有一天，你能够在社会上很好地立足。现在，社会需要更多的复合型人才,一专多能的学生更受到用人单位的欢迎。工科专业的学生平时就注重动手能力和逻辑思维能力的培养,而文科专业学生也要有意识地注重归纳能力和文字能力的培养。我们若没有名校毕业的背景,那我们就要比别人付出更多的努力、勤奋和热情。这就是我多年来最大的感悟吧。”张铁的身上有着北方男人的坚毅和勇敢,同样有着温情和细腻。他的经历看似简单,但每一步都走得不轻松,他用亲身体会告诉我们未来要靠自己的双手去创造,勇敢前行,路在脚下。

随着业务范围的扩展,目前,张铁基本上常驻北京。“五一”小长假里他回徐州见客户。经过记者多次相约,此次采访才得以实现。5月3日,他又连夜返回北京,开始新的征程,而每当记者回忆起他对学弟学妹们的殷切希望,总能深深感受他对连云港、对母校的一片深情。

(韩燕　采访于2009年5月)

做最好的自己

——记新浦区新南街道海宁社区党总支书记、社区主任，连云港市首届十佳大学生村官

谷　慧

谷　慧　新浦区新南街道海宁社区党总支书记、社区主任

籍　　贯：江苏省连云港市

院系专业：社科系（现公管管理学院）公共管理专业 1996 届

座 右 铭：做最好的自己

不久前，由连云港市委组织部、市委农工办、团市委等8家单位开展的首届“十佳(优秀)大学生村官”评选活动结果火热出炉。在大学生就业创业成为一个社会热点的大背景下，连云港市首届十佳大学生村官评选活动备受瞩目，而在最终的20名候选人中，结合大学生村官的事迹材料、考察情况、公众投票结果和综合测评成绩，10名佼佼者脱颖而出，这其中就有新浦区新南街道海宁社区党总支书记、社区主任谷慧——1996年，她毕业于我校社科系(现公共管理学院)公共管理专业。

人，是平等的！

记者面前的谷慧身材高挑，年轻、干练、大方、热情，思维敏捷、侃侃而谈，表达能力强。说到当年她的中学生活、大学生活、她最初的工作、她参加招考、她现在的成绩，“我的运气比较好！”她有些自嘲地笑着说：“我几乎每次都能发挥出自己的最高水平！高中的时候，我在新浦中学，平时成绩不怎么样，甚至都没想到要参加高考。但毕业考却考了全班第六名。于是，我就参加高考，结果是全班第三，虽然成绩不怎么样，但相比我自己平时的水平，的确是发挥得很好！”1996年从职大毕业后，谷慧在市档案局干过一阵子，1997～1999年她当了两年的营业员，“那是十年前，一名大学生去当营业员在许多人看来是很没面子的。但我觉得挺好，干半天、休半天！自己的时间比较多！我觉得人是平等的，职业的不同仅仅是工作的性质不同而已！”

也许，正是因为有着这样的心态。谷慧面对生活、工作，都能够以良好的、健康的心态去面对。“社区招考时竞争也很激烈，300人竞争30人，我也胜利了！我的想法很简单，成了咱就珍惜机会，好好干；不成，咱就还干咱的营业员！”

结合现在的大学生就业等，谷慧说到自己的大学生活。“读书固然重要，但实际的运用能力可能更加重要。我记得当时王春老师给我们上课时，有一个三分钟演讲，我就觉得作用很大，这锻炼了我的胆量！现在的有些大学生，一方面盲目地自视甚高，一方面实际上能力很差，于是自傲和自卑的心态交织在一起，浮躁得很难静下来做事情！”

在社区工作十多年了，谷慧的人生感悟很多，给记者印象很深的一条就是，她多次谈道："人，是平等的！读书的多少、学历的高低常常并不能与能力成正比，也并不一定和素质的高低成正比。退一步说，即使成正比，人，仍然是平等的！"谷慧沉思着说道："我在基层工作多年，接触到许许多多的、各种各样的人！我的父母都是普通的工人，但他们都很通情达理，我自己也是普通人，所以从我自己的辛苦就会想到别人的辛苦，我非常理解普通人生活的艰辛！所以，我尊重他们，愿意为他们工作、为他们服务，在社区工作中，为他们付出我的热情和时间！"

谷慧(左一)和同学们相聚在母校(2009年12月)

劳动，是光荣的！

谷慧从1999年进入社区工作以来，始终以饱满的工作热情，热忱地为社区居民服务。刚进入社区工作时，在社区老同志的帮助和指导下，认真学习和钻研社区工作的方式方法和工作思路，经常利用休息时间走访社区居民，虚心向他们请教，征求他们的意见，很快适应了新的工作环境，并将学到的知识运用到社区工作中，创新工作方法。谈到当年刚进社区的时候，谷慧说到她做的第一件事情——铲小广告！她按照领导的要求，一手拎着盛满水的小桶，一手拿着腻刀，在电线杆、墙体上、马路边去铲那些乱涂乱画的小广告。“我觉得这很正常，也很光荣！因为，劳动是光荣的！同样，你还别小看那么简单的事，你要不学，也照样干不好！”

在担任社区团支部书记时，谷慧将社区团建与党建有效结合，将海宁社区共青团工作开展得有声有色，江苏省共青团樊金龙书记和魏国强书记都曾到海宁社区检查、指导社区团支部工作。社区团建工作受到领导的赞扬，社区还先后荣获“江苏省青年文明社区”和“江苏省‘五四’红旗团支部”等光荣称号。

2004年，谷慧当选为社区党总支书记、社区居委会主任。为了能够使社区工作有充分凝聚力，她先从社区党组织建设抓起。她在全市率先建立在职党员星级管理卡制度，把社区在职党员教育、管理、监督的内容融为一体，集中反映了党员八小时以外在社区生活中的现实表现；在社区党员中率先开展“十星创优”活动，鼓励先进、鞭策后进；在全市率先提出“把支部建到楼栋，把活动室建到家中”特色活动，探索走一条“化整为零，分散管理”的新型党建管理模式；开展以“为社区尽一份义务、做一件实事、献一份爱心、争一项荣誉”为主题的“百名党员奉献在社区”活动。丰富多彩的党组织活动有效调动了党员参与活动的积极性，使社区党建工作充满活力，受到广大党员和居民的欢迎。社区党组织也先后被评为“连云港市先进基层党支部”、“连云港市党建工作示范点。”

社区居委会是党和政府联系群众的纽带，社区工作人员是党和国家政策的最终执行者，服务居民是社区工作人员的工作目标。谷慧在海宁社区工作10年，对社区居民有着深厚的感情，对群众来访者，仔细倾听、热情接待。对群众需求，竭尽全力给予帮助。弱势群体是社区服务的主要对象，社区每年都要组织捐款捐物，帮助社区4名孤儿完成学业，还发动辖区单位和社区贫困家庭结对帮困，力所能及地为这些家庭提供帮助。社区低保户马春来的女儿学习成绩优异，但家庭生活困难，无力支付她高中学费，“阿姨，我想上学，帮帮我吧！”，看到她那充满祈盼的眼神和微微颤抖的声音，谷慧的心也随着这个无助的女孩在流泪，怎么办？谷慧想到妇联，想到了“明日之星”行动，经过多方奔波，在市、区妇联领导的关心支持下，为女孩争取到了扬州新东方外国语学校的免费入学通知名额，三年的学费、住宿费全免，女孩拿到入学通知书来到谷慧的面前：“阿姨，谢谢您，我不会忘记您的！”谷慧说：“那时我的心充满了成就感！”

劳动,是光荣的!谷慧坦然地说:“十年前,我能拎着小桶铲小广告,现在,我也能拿着扫把扫大街!这没有什么,凭着自己的劳动获得报酬,是天经地义的;同样,用自己的劳动为别人带来益处,我觉得很有意义!”

生活,是快乐的!

谷慧自己说她不会唱歌、跳舞,但她总是把生活安排得既井井有条又丰富多彩。因为在谷慧看来,生活本来就应该是这样的:生活,是快乐的!

快乐的生活需要一个良好的生活环境,可是2005年以来,由于海宁小区常乐园物业公司改制,导致海宁社区的物业服务工作处于瘫痪状态。小区脏乱差,垃圾广告随处可见,花园绿地杂草丛生,下水道堵塞,路面损坏等,小区环境极度恶化,省级文明小区的形象受到严重损害。谷慧看在眼里,急在心里,在市、区房管局和新南街道党工委的大力支持下,探索建立社区党组织、社区居委会、业主委员会和物业服务站共同参与的“四位一体”社区管理模式,在社区服务中心的基础上,成立了物业服务站。及时制定《“四位一体”联席会议制度》、《业主接待制度》、《业主公约》、《业主委员会职责》等一系列有效的规章制度,作为共同遵守的议事、办事依据。同时对小区环境进行全面改造,目前小区内常年积存的建筑垃圾、卫生死角已被清理干净。小区的绿化也得到了全面更新,共种植了银杏、广玉兰、火棘、国槐、紫薇等树种1000余株。小区不必要的出口已完全封堵,存在安全隐患的围墙已进行加高,小区新安装路灯22盏,道路重新铺整,小区环境有了明显变化。在2008年争创省级文明城市中,海宁小区迎接了省检查组组长的检查,小区工作得到了高度评价,小区被评为“优秀住宅小区”。

丰富多彩的文化生活是精神和物质的和谐统一。在社区工作中,谷慧坚持把文化活动作为社区建设的重头戏,坚持以先进的文化、健康的生活方式占领群众的思想阵地。大力推行“四位一体”的群众文化活动。一是在全市首创“文化快餐车”,免费提供报刊、图书给居民阅读;二是与辖区海宁中学、建宁小学和邻近的海宏中学联办家庭学校,在全市率先建立起“母亲课堂”;三是组织少儿鼓乐队、老年健身队和太极拳表演等社区业余文化队伍,每逢节假日,这些队伍都走上街头表演自编自导的节目,为社区居民提供了丰富的文化快餐;四是以楼院为单位,开展社区家庭运动会、社区家庭艺术节，努力让每个社区成员都参与到社区活动中来。

良好的环境，丰富的文化生活为社区市民带来了快乐的生活！以他们的快乐为快乐，谷慧的生活也充满快乐！

近年来，谷慧和社区其他同志一起，通过全身心投入到社区管理和服务之中，密切了党群干群关系，促进了社区三个文明建设的协调发展。海宁社区先后荣获省社区建设示范社区，省、市文明社区，市社区建设三星级社区等光荣称号。在社区这一工作岗位上，谷慧以居民群众的利益和社区的健康发展为工作的最高目标，兢兢业业工作，踏踏实实做人，把有限的精力奉献给社区事业，把满腔的热忱奉献给了居民群众。

谷慧的社区工作多次受到省市领导和有关部门的充分肯定，她自己也先后被推选为新浦区十六届人大代表，连云港市十五届总工会代表，江苏省第十一次妇女代表大会代表，荣获“连云港市五一巾帼标兵”、新浦区2008年社区建设先进个人等称号，而近期的“大学生十佳村官”，是对她的又一褒奖！

是啊，人的能力有大小，但做了最好的自己，人生就没有什么遗憾！谷慧做到了这一点！

（郑硕　采访于2009年6月）

一切皆有可能

——记新浪体育驻美国 NBA 特约撰稿人

张　强

张　强　新浪体育驻美国 NBA 特约撰稿人

籍　　贯：江苏省连云港市

院系专业：外语系（现外国语学院）外贸英语专业 1995 级

座 右 铭：一切皆有可能

张强，资深 NBA 专家，笔名有齐小侠、张凹凹、谭笑雨、裘六段等。1996 年开始写 NBA，至今超过 11 年，曾是国内最著名的体育自由撰稿人，多家主流媒体的专栏记者和专栏作家。2004 年供职于《足球·劲体育》至今，是该报 NBA 专栏记者、主笔，采访过 NBA 常规赛、季后赛、全明星赛、世界篮球锦标赛等多项大赛，是国内最资深的 NBA 记者之一。

——摘自新浪体育齐小侠专栏个人简介

再次见到张强，他已经圆满完成了跳槽到新浪网体育频道的驻外采访工作，回到连云港的家中休息。眼前的他比记者年初见到时更为消瘦，但精明之色却丝毫不减。这次采访是春节前就约好的，那时候他正要启程前往美国休斯敦，开始他全新的工作经历。接下来的几个月里，记者在 MSN 上看到他的签名是“就想睡个囫囵觉”，不好意思过多打扰，只是见缝插针地聊上几句，定下了回国后的见面时间。

我们的话题就从他的新工作开始了，“我现在是新浪网体育频道的驻外记者，专门负责跟踪采访 NBA 火箭队的姚明，他是深受国内球迷喜爱的 NBA 球星之一。这次在美国，就是见证了火箭队 2008～2009 赛季的每时每刻，特别是火箭进入季后赛的每一场比赛，我都在现场发回第一时间战况。”

一

回忆起当年在职大求学时的“狂妄”，张强笑着说：“当时，很多老师和同学都说我‘狂’，现在想来，最根本的原因是我当时的心态不好，没能处理好自己和社会环境的关系。我在中学的学习成绩不错，北大清华一直是我的梦想，那年高考填报志愿时，为了避免和好朋友发生志愿冲突，我把第一志愿改成了复旦大学，感觉挺有把握。没想到成绩出来后，我简直不敢相信，比预计的少考了 100 多分。进入职大就有种从天堂掉入地狱的感觉，心理落差特别大。那段时间，我和家里人的关系都有点紧张。”他沉默了会儿，继续说道：“那年，我的好朋友如愿考入北大，而我在职大，我没有放弃自己，没有放松自己，一年级我就过了大学英语六级。”他笑了笑，“记得那时报名考试还挺曲折呢，当时学校有个不成文的规定，没通过大学四级的学生不可以直接报考六级，可我的英语四级根本就没考，没有考六级的资格。我在办公室磨了沈萍老师好几天，最后沈老师被我缠得实在没辙，勉强同意我报名考试。”

张强采访姚明(2009 年 4 月)

“那时在学校，我不算是个好学生。感兴趣的课，我会去上，其他时间，我就躲在图书馆里安安静静地看书。我的目标是以最快的速度结束我在职大的学习生活，一年级我有计划地修了很多二年级的课程，二年级又修了很多三年级的课程，当我用了两年时间把全部学分拿到手后，我向学校提出申请要求提前毕业，那时学校很为难，因为此前并无先例，最后还是当时的刘润忠副校长拍板，我才能提前一年拿到毕业证书。那一年，是 1997 年。”

二

张强毕业了，他没有选择一条世俗的求职之路，在家里一待就是四年。“我当时没有找工作，而是选择做一名自由撰稿人。”他笑着解释道，“那时的‘自由撰稿人’是非常新鲜的名词，很多人都不知道是干什么的。从小，我就喜欢舞文弄墨，看的书多了，慢慢也学着写点东西。我在中学阶段的作文非常好，经常被老师当作范文在班里朗读。进了大学后，我还坚持给各家报纸投稿，写些书评、杂文之类的小文章，不过那时候我的字写得不好看，都是我爱人帮我誊写后寄出去的。”张强的爱人王克清是我校商学院的毕业生，他们的缘分就是从那一次次誊写稿件中结下的。

提前一年毕业，学校退回了部分学费，张强用它分期付款买了台电脑，学会了上网，后来又买了传真机。那时候知道互联网的人不多，很多人甚至没听说过，张强凭借着扎实的英文功底，把各种国际资讯翻译成中文，给各报社投稿。“那时候上网速度真慢啊，费用奇高，我家的电话费每月都在七八百块钱，刚开始时，绝对是一笔不小的负担，要坚持真的需要实力和勇气。我喜欢体育，关心体育，我写稿、投稿也围绕体育。‘齐小侠’这个笔名就是当年写围棋棋评时用的，‘齐’是‘棋’的谐音。我采访过聂卫平、马晓春、常昊等顶尖高手，他们是‘大侠’，我只敢称‘小侠’，这个笔名沿用至今，我已经舍不得丢掉了。那段时间，我经常通过互联网把国际上体育界的各种资讯翻译成中文，编译成报道，同时加以自己的评论，投向各大媒体。”

张强在美国休斯敦火箭队主场丰田中心

自由撰稿人这条路并不好走，但张强走得很好。“一开始，我的发稿平台就很高。我从来不给发行量小的报纸投稿，我都是挑国内有影响力的报纸、杂志投。”多年来，张强先后给《周末》、《中国青年报》、《青年参考》、《东方文化周刊》、《环球》、《环球时报》等多家媒体供稿，勤奋、多产也给他带来了丰厚的回报，当某一天张强发现他的稿酬上升到千字300元时，他知道自己的这条路是成功的。“我曾是《南方周末》的固定记者，为他们写国际时事、体育报道。到了2000年，我成为《体坛周报》、《环球》、《羊城体育》的特约记者，开始转写足球。”渐渐地，张强在足球评论界打开了局面，成为资深评论员。2004年，在业内已经颇有名气的张强接受了《足球·劲体育》的挖角，成为他们的专栏记者。从那时开始，张强经常国内外奔波，真正开始了采访NBA的一线工作。为了照顾好家庭。张强并没有选择离开连云港发展，除了必要的采访，大部分时间他都留在连云港的家里，很多工作都依靠网络来进行，“居家里而知天下”是他比较满意的工作生活状态。

三

“这些年，我写过围棋、足球、篮球等多项运动项目，最感兴趣的仍然是 NBA。1996 年开始，我就开始写一些关于 NBA 的报道，作为记者，我的愿望是把 NBA 的快乐和激情第一时间传递给国内的球迷们。”

在张强眼里，NBA 是个极度商业化的帝国，它有一整套非常完善的运作模式。作为记者，你可以做什么，什么时候做，都有严格的规定。比如，在火箭队的主场比赛日，张强和他的同事们就要提前三个小时到达丰田中心。在 shoot run（投篮训练）期间，姚明偶尔会走到场边和中国的记者们打招呼，聊几句。火箭队的更衣室会在赛前 90 分钟开放，记者们可以进行赛前采访，比赛期间，张强在媒体室里听录音、写稿件、传到后方。比赛结束 15 分钟后，火箭的更衣室再度开放，接受记者们的采访。麻烦的是采访火箭队的客场比赛，他们要自己定行程、航班、酒店，劳心劳力。一旦遇到突发情况，这次采访就会变得很痛苦。张强和同事们曾在飞赴波特兰采访火箭前两场季赛中，由于恶劣的天气，花了差不多 16 个小时完成行程，那次真的是体力、精力、意志力都接近崩溃的边缘。但短短几个月，他已经完全适应新的工作环境，并且取得了不俗的成绩。“今年四月间，我成功地对姚明进行了专访，

张强采访易建联（2006 年 8 月）

国内的球迷们都非常关心姚明在NBA的成长，我们的工作就是把姚明最新的情况告诉球迷们，了解他在NBA的点点滴滴，我做到了，而且很好。”

2008年10月，张强的新浪博客(侠之小者—齐小侠)开通了，凭借独有的现场报道，对NBA各队、重量级球星们透彻的分析点评，吸引了众多球迷的目光，短短几月，点击量超过200万人次，成为NBA球迷，特别是火箭球迷分享欢喜、悲伤的天地。

“年前，我被新浪网挖角还是副总裁特批的，原因就是我的学历是大专毕业。当你实力足够了，学历就不重要了。”他如是说。是啊，记者记忆中那个辩论赛上口若悬河、引经据典、激情四射的小男生，经过岁月的洗礼，已经成长为成熟稳重的资深媒体人，在他的人生道路上，一切皆有可能。

（韩燕　采访于2009年6月）

好好学习　天天向上

——记连云港市人民政府驻南京办事处主任赵二宏

赵二宏　连云港市人民政府驻南京办事处主任

籍　　贯：江苏省东海县

院系专业：经贸系(现商学院)企业管理专业1994届

座 右 铭：学而不思则罔，思而不学则殆

对赵主任的采访，很久以前就列入了我们的计划，但迟迟没有合适的时机。日前，本报记者利用随校领导到南京参观《庆祝建国 60 周年江苏成就展》的时间，几次相邀，终于得到采访赵主任的机会。

晚上 6 点，我发信息给他，他的回信是："刚刚陪完我市的一个团队在南京的参观，现在赶回市区的路上，请问你住在哪里？"约晚上 9 点，在南京离新街口金陵饭店不远的一个小咖啡馆里，一档玻璃门将这个中国十大都市之一的最繁华区域的霓虹和喧闹挡到了门外，看着眼前绿茶的叶片慢慢地在杯中舒展开卷曲的身体，第一次见面的我们的话题也逐渐多了起来，而随着交谈的慢慢深入，赵主任不断学习、不断完善的人生脉络在笔者的眼前也逐渐清晰起来。

从学校里学习——"从母校那里，我学到了许多！"

我们的话题是从他的母校谈起的。和许多远远地关注着母校却很少和母校有联系的校友不同，赵二宏主任和母校的许多老师保持着比较密切的联系。他为近年来学校的发展感到由衷的高兴，特别是看到 2008 年母校搬到新校区办学，校园环境和办学条件都有了极大的改善后，他说："我感到特别高兴，特别骄傲！"

身材高挑、仪表堂堂的赵二宏主任谈及母校，言语之中无时无刻不流露出一种曾经的学子的拳拳深情。"我从母校那里，学到了很多很多！"赵二宏主任真诚地说，"那时的条件说实在的，不怎么样，比较艰苦，但我们每一个人都充满了激情和梦想。记得现在的刘润忠院长那时教我们的《西方经济学》课；骆汝九主任教我们《经济管理》。现在回想起来，许多老师不只是在传授我专业知识，更深层次的是在教会我做人的态度和做事的方法。可以这样说，师长们虽然只教了我三年书，但是他们的精神和品质却影响着我的一生。时至今日，我依然能回想起我的老师在三尺课堂上讲解时那严谨的目光、认真的板书、讲至忘我时那挥舞手臂潇洒的身影。"

赵二宏主任深深品了一口茶，目光投向远方，仿佛沉浸在 20 年前的青春岁月里："我要特别感谢当时的团委书记陈建国老师！当时因为我是学校学生会的主席，所以有机会和陈书记有比较多的接触。他是个很有热情的人，也是个要求很严格的人，正是因为这样，我从他那里学到了既能保持良好的人际关系，又能把工作做得漂漂亮亮的能力!”

“那时,在陈老师家可是蹭了不少饭啊!”赵二宏主任话锋一转,“就是后来的实习和工作,也是得益于陈建国老师的推荐! 没有陈老师,就没有我的今天!”赵主任真诚地说道!

从工作中学习——“没有正式编制,大不了等于再上两年学!”

1994年1月,因为在学校的良好成绩和优异表现,时任学校团委书记的陈建国老师推荐赵二宏到连云港市团市委实习。半年多的时间里,赵二宏良好的表现得到了连云港团市委领导的好评。毕业时,赵二宏却又面临着人生的两难选择:一方面是回到老家东海县做公务员,可以在东海温泉镇当一名稳稳当当、衣食无忧的干事;另一方面是留在市里上班,继续在团市委上班,锻炼能力、开阔眼界,但当时是一名没有编制的临时工作人员。

如何选择? 这对于一名刚刚从大学校园里走出,出身草根没有任何家庭背景,没有多少社会经验的大学生来说,是极具挑战性的事情!

“大不了等于再上两年学!”这是赵二宏的回答,一个很男人、很激情的回答——赵二宏选择留在了新浦。从那以后,他又有了一种很艰难很独特的经历:在连云港市南北挂钩办公室干过,在连云港市国防科工委办公室干过……甚至,有七个月,他作为连云港市政府的代表,专门跟着一个香港来的老板为他服务,但最终,那老板的投资项目流产。

“那时候,感觉自己浑身上下都充满了青年人的激情,不管是早晨上班到办公室打扫卫生、打水,还是给领导写材料、跑腿,做任何事都是不知疲倦、充满热情!”赵二宏主任总结说:“今天,回过头再看那一段岁月,我仍然觉得学到很多东西,特别是一些宝贵的实践经验!”

从别人处学习——“要学会借用别人的智慧!”

仅有一些感性的实践经验是不够的,感性的经验还需要理性理论的指导。1997年,就在赵二宏的工作顺风顺水的时候,他又做了一个理性的选择:离职深造！他考入了对外经贸大学经济系。时至今日，就像他和连云港职业大学(我校前身——编者注)的许多老师保持着密切的联系一样，他和对外经贸大学的许多老师也保持着良好的关系。“借智!”赵二宏主任微笑着却又是认真地说：“用其所长，避其所短，借用老师们的智慧!”

他举例说明利用专家智慧的比较成功的案例。比如我市的灌南县，就很好地利用县里的著名音乐家王咏梅的知名度，在人民大会堂举办了《王咏梅音乐作品演唱会》，邀请了北京等地许多音乐艺术界的大腕参加，扩大了灌南县的知名度和美誉度；利用汪奇魔的魔术名气，进一步操作，举办中国灌南魔术节以扩大影响；利用国家重视发展连云港、把连云港的发展提高到国家层面的机会，把在灌河地区的经济活动冠名“灌河半岛经济圈”并举办专门的新闻发布会。在当今新闻高度发达的社会，知名度的扩大对于经济发展的作用不言而喻!

许多人以为政府办事处的作用就是接待接待政府官员。赵主任说：“其实，这样的理解是片面的！我们如果老是沿用老思路、使用老方法，那工作就不会有突破，也就不可能得到领导的认可!”

赵主任又给记者举了近期一次利用专家智慧的例子。今年 7 月 22 日，为抢抓连云港沿海开发的历史机遇，赵二宏主任计划邀请 50 名以江浙沪地区为主的长三角城市商会长参加招商活动，没想到福建、广东、山东等地十多家异地商会也踊跃报名，活动临时“扩容”成了百名商会长，为连云港市的招商引资起到了很好的推动作用，得到市领导的高度评价！“其实，这次活动的灵感就来自北京我的外经贸大学老师的提醒，”赵主任总结到：“那个老师当时给我的信息就四个字：关注商会！一下子让我豁然开朗!”

经常和高手切磋提高、耳濡目染，不断学习进步、不断总结思考，作为连云港市政协委员的赵二宏主任自己也不断有智慧的火花闪现，提出了许多有益的建议和提案。

他在《关于加快我市文化与旅游产业整合的建议》提案中指出，连云港具有得天独厚、源远流长的历史文化，具备依托文化产业推动旅游产业跨越发展的良好基础和巨大潜力。西安市就曾斥资 13 亿元建设大唐芙蓉园，主题演出《梦回大唐》赴新加坡巡演后，迅速在东南亚掀起了大唐文化的热潮。“文化＋旅游”是朝阳产业，大有可为。他建议，我市应尽快成立旅游文化、文物、宗教、水利、林业等单位参加的"旅游发展管理委员会",明确各部门职责与分工,实行集中管理,统一开发,促进旅游文化产业发展和资源保护加大旅游文化整合力度,让"孙悟空"故乡成为港城最响亮的文化名片。

此外,他还建议通过搭建旅游文化资本运作平台,创办大型品牌艺术演出,制定扶持旅游文化整合发展的政策措施等方式,促进全市文化旅游资源科学开发,提升城市文化内涵。

两个小时的交流,不像是采访,而像一次有关学习的对话。通过对话,赵主任将他的学习过程进行了一次稍有系统的梳理。是啊,任何人,只有不断地学习和思考,才能不断地进步和完善,最终有一个成功的人生。这是一个简单的真理,而真理常常是最朴素的,就像中国人民的伟大领袖给学生们的题词中写的一样:"好好学习,天天向上"。

和赵主任握别的时候,已近子夜,新街口楼群的霓虹依旧。我知道,新的一天,太阳正冲破夜的阵痛,从东方滚滚而来,另一种光线将代替霓虹,给这个城市普照出另一番景象……

(郑硕　采访于2009年10月)

放心灵去旅行

——记南京信息工程大学经济管理学院国际经济与贸易系副主任　孙少勤

孙少勤　南京信息工程大学经济管理学院
　　　　国际经济与贸易系　副主任

籍　　贯：河南省开封市

院系专业：经贸系(现商学院)外贸专业 1992 级

座 右 铭：人之所以痛苦，在于追求错误的东西

许多人都相信，生活中是需要一些运气的。而总有这样一些人，他们的运气好得让人羡慕。他们总是能经常遇上好的机缘，也总有一些窍门，能够帮助他们实现梦想和志愿。孙少勤似乎就是这样的人，无论是做学生还是做老师，无论是做学问还是做管理，无论是为人妻还是为人母，她总是有如神助，游刃有余，幸运女神总是特别青睐她。幸不幸运，难道真的是天命注定吗？

当学生的日子总是很简单

孙少勤是1992年进入连云港职业大学经贸系学习的，她用六个字来形容那段日子，那就是“简单、快乐、幸运”。那时的孙少勤是个简单、随意的女孩子，但同时又有着那个年纪的任性和不羁。就像对老师的爱憎总是很分明，很简单地反映在她的功课上，凡是她喜欢的老师，那门功课成绩总是很好，反之，则不然。她的专业是外贸，经济学是一门非常重要的课程。她坦言刘润忠院长是她经济学的启蒙老师，为她以后专业的选择产生了深远的影响。那时刘院长教授的《西方经济学》，总是思路清晰、深入浅出、引人入胜，让她这个当时满脑子都是浪漫幻想的女孩子竟然对枯燥的经济学产生了浓厚的兴趣，当年她的这门课考了全班第一。但后来这门课换了个老师，她的成绩就一落千丈。徐家宁老师和许宁云老师也都是她喜欢的老师，两位英语老师认真生动的教学都激发了她对英文学习的热情，以至于她在大二期间就考过了英语四级和英语六级。后来她转到东南大学学习之后，发现东大班里还没有几个过六级的，这件事令她很是自豪了一番。她和其他五位同学很幸运地获得了东南大学考试资格。学校对他们寄予厚望，还特意找来了刘亦农老师利用暑假期间给他们补习高等数学。经过努力，他们六人中考上了四个，孙少勤是其中之一，如愿考上了东南大学，学习工业外贸专业。

这是爱情的力量

1997年，当她顺利从东南大学毕业之后，孙少勤毅然回到了母校工作，在经贸系做了一名普通的老师,教授《国际贸易理论与实务》等课程,还担任了一个学期的班主任。虽然当时既没有教学经验也没有做学生工作的经验,但对于刚踏上工作岗位的孙少勤来说,还是兴奋和满足的。原以为日子就会这样一天天平淡而充实地过下去。没想到,一个人的出现打乱了这一切。一次偶然的机会,东大一些老师来连云港旅游,孙少勤接待了他们。其中有一个年轻的青年教师和孙少勤在游玩中结识了,一个是满腹诗书的青年才俊,一个是活泼青春的妙龄少女,他俩经常被同行者取笑为一对。没想到弄假成真,他俩很快陷入了热恋之中。但由于一个在东南大学,一个在职大,分隔两地,只能鸿雁寄相思,电话诉衷情。摆在孙少勤面前只有两条路:调动工作或是考研。前者在做了一些努力之后未果,那就只剩下考研这一条路了。为了爱情,孙少勤又踏上了艰苦的求学之路。为了考研,她每天起早贪黑、埋头苦读,为了补习高等数学,那段时间,她天天和她的学生一起上课,学生不明就里,还以为班主任在监督他们学习呢。第一年她没考上,可是她没有气馁,第二年继续用功,功夫不负有心人,她终于回到了她所爱的人身边,回到了东南大学的校园,成为一名研究生,主修国际贸易。

做个快乐的教书匠

2003年,硕士毕业之后,孙少勤进入南京信息工程大学经济管理学院又做了老师。现在的她有了实践和经历的打磨,再次教起书来显得得心应手。她教授的《国际贸易》、《国际经济学》等必修课程,是很枯燥的,但是她总是用幽默直爽的语言,生动形象的实例把艰涩难懂的经济学知识传授给学生。她的课深受学生的喜爱,曾获得学校“青年教师授课竞赛”二等奖。2004年春,她又考上了东南大学的博士,没多久又被提拔为系副主任。这样,她不仅要教学,还要搞科研、做行政。作为一名教师,她深知科研的重要性,她始终跟踪学术前沿,撰写的多篇关于国际投资和国际金融危机的研究报告为各级政府所采纳,取得了很高的应用价值和良好的社会效益。此外,她还针对政府现实需要,面向经济建设和社会发展撰写了多篇论文,其中一篇论文荣获2008年度江苏省“社科应用研究精品工程”二等奖,为政府有关部门针对当前金融危机深化提供了价值较高的对策建议。作为院系领导,她组织系里教师运用国际贸易进出口模拟系统进行教学,取得了很好的教学效果,她还积极联系大型外贸公司和国际知名企业作为学生的实习基地，使广大同学对国际贸易、国际投资和国际企业管理的认识有了很大的提高。

最好的，是我们度过的时光

住在繁华的都市，工作越来越繁忙，再加上已为人妻、为人母，孙少勤总觉得时间不够用，她一度感觉身体都已经透支了。孙少勤也曾经为此迷茫过、困惑过。直到2008年，她作为访问学者赴澳大利亚詹姆斯·库克大学商学院做联合研究，那几个月的经历让她豁然开朗。那里实行的是“周薪制”，每周四发工资，周五就进行大采购，周六全家就兴高采烈地四处游玩。这种休闲自得的生活方式给了孙少勤很大的启发，她说：“人生在世，可以享受的很多，但最重要的是，还要享受生活的乐趣。现实的生活对每一个人来说都有其不如意的一面，可是如果学会享受你现在所拥有的，那么你的生活必定散发出夺目的光彩。”现在，孙少勤在生活中，不仅珍惜自己所拥有的，更在不断学会享受自己所拥有的。她享受自己工作时的专注，享受自己融入家庭时的幸福，享受的心境让她很快乐。工作时一丝不苟，闲暇时尽情放松，每天合理安排好自己的时间，在工作之余，陪陪孩子，练练瑜伽，生活得怡然轻松，让人羡慕。

这就是孙少勤简单的幸运人生，一切都是那么自然，那么轻松，成功总是水到渠成，信手拈来。很多人都把这归功于她的幸运，我也确信这一点，直到有一天偶然看到有一个调查说幸运者比不幸者来得放松许多，也正因为他们很放松，即使他们并没有刻意地去找。却有可能更容易注意到好的机会，我这才有所顿悟，在喧嚣、纷繁的城市，孙少勤正是用她的这份宁静，这份淡泊，这份从容，认真倾听自己心灵的声音，在生活中随时放松心情。这样，她就比别人更容易察觉到环境中的大好机遇，更容易获得成功。就像一句话所说的，人生就像一场旅行，不必在意目的地，在乎的是沿途的风景和看风景的心情，迎来生活中的许多成功与惊喜！

（张波　采访于2009年11月）

铿锵玫瑰 风雨彩虹

——记江苏省东海县十佳劳动之星、先进创业个人、海峰技校校长曹练练

曹练练　东海县海峰技校校长

籍　　贯：江苏省连云港市

院系专业：成人教育学院(现继续教育学院)计算机信息管理专业2004届

座 右 铭：低调做人、高调做事

追逐梦想总是百转千回/无怨无悔从容面对/风雨彩虹铿锵玫瑰/再多忧伤再多痛苦自己去背……十年前，田震的一首《风雨彩虹》传唱大江南北，真正唱出了女子坚忍不拔、永不服输的靓丽风采。毕业于我校继续教育学院计算机信息管理专业的曹练练同学正是用自己坚韧创业的毅力诠释了这首歌的真正含义。

一

“无论是兴办教育还是其他企业，发展都是硬道理。”

曹练练，2004 年毕业于我校继续教育学院计算机信息管理专业，记者面前的她虽然有着在校园里的大学生同样年轻的脸，但她却已被“东海县十佳劳动之星”、“先进创业个人”、“海峰技校校长”等众多光环所照耀。在短短的采访相处之中，记者便已深切体会到她随和大方、优雅自然的性格中透露出的成熟和稳重。

大学时代的曹练练性格随和，待人热忱，很喜欢交朋友，一说起自己的大学生活，曹练练的话很多，“我那时是班里的组织委员，虽然平时沉闷，不太喜欢表现自己，但和班里的同学却能相处得很融洽，我们现在还常常联系聚会。”

在大学三年期间，除了学习技能知识外，让她受益最大的就是结识了现在和自己并肩创业的好姊妹、海峰技校副校长柏冰，“我家就住在新浦，柏冰也住在新浦，因为她家离学校比我家近，所以我每天早上都坐车先到她家蹭饭，再一起去学校上课。大学是人生很美好的一段时期，也是年轻人喜乐好玩的天性绽放最盛的时期，我那时经常和柏冰去逛街或者游山玩水，有时为了赶最佳的旅游时间，我们还一起旷过课，被抓到后，还是班主任侍枫老师去领我们出来的。侍枫老师那时刚刚大学毕业，教我们计算机课程，和我们班里的一群年轻人很能打成一片。”说到大学时代的快乐生活以及和柏冰结下的深厚友谊时，曹练练很欣慰地笑了。

二

“从小时候起，我就经常思考：究竟是文凭重要，还是拥有一技之长重要？我慢慢规划了自己的创业之路。”

2004年，曹练练毕业后，因为对高新技术的IT行业有些力不从心，就在连云港一家电子公司做了一名普通工人，由于不懂技术，一个月下来只领到300多元的工资。看着自己尽心尽责、勤勤恳恳干了一个月领来的微薄报酬，委屈和绝望刹那间涌上心头。

“我外婆知道后，很是心疼，看着一个月就熬得不成模样的外孙女儿，又疼又气地说，你这一个月的工资，还不够几天吃饭用的，与其给别人打工，还不如自己给自己打工，现在政府不是在鼓励大学生自主创业吗？”

“自主创业，自己给自己打工？”曹练练在为这个大胆的想法怦然心动的同时，又不禁吓了一跳，毕竟自己还只是个刚毕业的小丫头，既缺乏社会阅历，又没有创业经验，自主创业谈何容易？

曹练练2006年从大连进修结业，自主创业的念头不仅未消，反而更加炽烈。她了解到一个朋友在灌云开办技能培训学校，已经取得不错的成绩，并且在东海只有一家此类学校，前景十分乐观。这些信息一定程度上给了她信心和启发，她决定开办一个以实践技能为主、理论知识为辅的培训机构。

她邀来大学时的好姊妹柏冰，瞒着家里人先联系到灌云县开办技校的朋友，把自己的想法告诉柏冰，并得到了她的大力支持。

筹集到资金后，曹练练在县劳动局领导的鼓励和支持下，注册了“海峰技校”的名字，稍后她又在万花山开发区租到了一处厂房作为临时校舍，并经过朋友介绍和帮助，从无锡购置了数台数控车床和电焊机等设备。

由于技校刚刚建成，第一年招生授课，学员数量很不理想。虽然第一学期只招到很少的学员，但曹练练在教学授课及学员工作安置方面无不打理得细致入微。学校开设的几门课专业技能性都很强，电焊专业只需培训一个月就能上岗操作，数控机床专业至多也就培训3～4个月，所以学员流动性很大，学员学成就业后，两个人就得去再宣传招新学员。春秋两季还好，冬夏两季最为难受，夏天深入乡间，总是被蚊虫叮咬得满身大包，冬天则是被海风吹得彻骨生寒，手脚都被冻伤。两人已不记得哭过多少次，只记得哭过之后，还要收拾心情继续努力。就这样坚持了两年时间，慢慢地学校有了一定的储备资金，曹练练开始在东海电视台做广告，增设具体学校报名点，大大开拓了生源地域范围。

三

“说起来，我的办学宗旨很简单，就是使无业者有业，使有业者乐业。”

“随到随学”是曹练练办学的一大特色。流动式教学方式极大地方便了前来学技术的学员，如果这学期学不会，下学期还可以免费继续学习，直到学会为止。正是有着这样的办学宗旨，学员才渐渐多了起来，很多新学员都是老学员介绍，慕名前来。海峰技校在安置学员就业上，也有了很大改观，以前是出去推荐学员，现在是外地厂家主动上门来招人。

2008年下半年是曹练练办学以来最艰苦的时期，由于受金融危机影响，各行各业都相应裁员，城乡失业人口急剧增多。海峰技校因为始建初成，也不可避免受到了影响，一度招不到新学员。看着自己苦心经营了两年的心血被一场天灾冲垮，曹练练的信心也随着降到了最低谷。柏冰和她相互勉励，再次投入到了招生工作当中，终于慢慢挨过艰难期。

2008年4月，经东海县劳务中心培训科领导推荐，海峰技校被评为“先进单位”，曹练练被评为“先进个人”；2009年2月，经东海县建设局推荐，曹连连等一批自主创业典型被评为“东海县十佳劳动之星”。东海县委书记、县人大常委会主任关永健，东海县县长徐家保等四套班子领导亲自为获奖劳模颁奖并致辞勉励。2009年4月，《苍梧晚报》、《连云港日报》以及《新华日报》等媒体对曹练练自主创业的事迹相继作了报道。

面对诸多殊荣，曹练练无比感慨地说：“我能取得今天的成绩，并不是全靠我个人，还有在背后默默支持和鼓励我的好朋友柏冰，以及技校的老师们。虽然奖励是个人的，但荣誉永远是大家的。”

四

“以后要走的路还很长，究竟还有什么风雨坎坷，我不知道，但无论有多艰辛，我都会坚定不移地走下去！”

学校进入正轨后，接下来就是发展的问题。现在曹练练几乎每月都要到苏南、浙江、福建等地的学校进行交流学习，并初步制定了学校的下一步发展策略，“我计划在以后几年内，陆续把家政、保洁以及对老人、婴儿服务等项目也纳入培训专业。”

记者问起她对学校的发展规划时，曹练练笑着说：“近五年，希望能做得更好，将学校名气打出连云港！”目前，她和柏冰现在正准备为学校申请“江苏省阳光工程定点单位”。

记者问起她的创业经验，以及对即将踏入社会的大学生的忠告时，她说，大学生自主创业，资金缺乏、项目难找和社会经验严重不足，是首先面临的三大难题。刚毕业的大学生是最有理想和抱负的群体，很多大学毕业生都有自主创业的想法，这种敢于拼搏的勇气是很值得赞赏和佩服的。但绝大多数却囿于上述三大难题，不得已望而却步。总体而言，大学生在创业过程中，一定程度上都会遇到各种各样的困难，很多人在遭受挫折、失败后，便不免有放弃的想法，其实这些困难是在所难免的。大学生创业，无论是从社会经验还是判断能力上，都需要慢慢锤炼，刚走出校门的大学生普遍眼高手低，正是因为过于自负，才使很多创业者盲目投资，最终导致创业失败。对于他们来说，积累经验才是当务之急。

说起创业之初的艰辛与机遇，曹练练也为自己的机遇感到庆幸：“其实我们这一代大学生还是比较幸运的，近年来虽然大学毕业生数量急剧增多，学校不包分配，但政府出台的鼓励大学生自主创业的政策，无形之中又给我们明确指出了发展方向。无论是大学生创业，还是企事业运营发展，遵守诚信始终是成功的最基本也是最不可或缺的条件。只要大学生能以务实求真的态度去对待自主创业，生活中隐藏的很多机会是不难被发现的。”

（郑硕、孙敦强、王洲、顾涛　采访于2009年12月）

心有真爱气自华

——记连云港电视台节目主持人 李 华

李　华　连云港电视台节目主持人

籍　　贯：江苏省常州市

院系专业：社科系(现公共管理学院)公共关系专业1996届

最喜欢的书：新版《新华字典》

最尴尬的事：别人说我主持节目是《跟我“逛菜场”》

座 右 铭：己所不欲　勿施于人

很早就知道李华的名。2007 年初，校报出版 50 期时搞了个专家评报会。很多专家提出策划《校友风采》的建议，这和我们自己的想法不谋而合。时任连云港电视台台长的李惊涛先生就举出李华等校友的例子，于是，她就被列入记者最初的采访名单中。2009 年，我校办学 30 年，作为校友，9 月份，李华主持了我校体育馆开馆仪式——原中国女篮表演赛；12 月 23 日，她又作为工作人员上台宣读省教育厅沈健厅长为学校办学 30 年暨新校区落成庆典发来的贺信。她对母校的拳拳赤子之心一览无余，更是给记者留下了深刻印象。在庆典结束的一个下午，记者走进了位于广播电视大楼 13 楼李华的办公室。

我的童年

"要说清楚我是哪里人，也许就够你写 1000 字的！"你很难相信，眼前这位在连云港市家喻户晓的人物，聊起天来简单得就像一泓清泉。三句话一说，她就把自己的底儿一五一十地倒了出来。

妈妈是河南洛阳人，按理应该是北方人的敞亮，可是又是医生又是文艺爱好者的妈妈，却有着南方人的美丽和细敏。爸爸是地道的苏南常州人，是李华心中的那座山。几乎没有什么能难倒他的，家里的第一台电视机就是作为南京工学院无线电工程系高材生的爸爸亲手组装出来的，和妈妈比，爸爸更像个北方的汉子。

是大学的分配也罢，是举家北迁也罢，总之，李华的父母在甘肃省的平凉市相遇了。很多人是第一次听说平凉市，但读过金庸武侠小说的人就有印象，这里是著名的"崆峒派"的发源地，而崆峒山就是道教的发源地。

于是，李华从小就随父母在西北的兵工大院长大，直到小学六年级，因为父母工作的改变又来到连云港。小的时候，李华最盼着放假，寒假回常州挣压岁钱……暑假回平凉去避暑……可是，后来多了个连云港。还真让她犯过一阵子的难，因为她渐渐爱上了这座城市和这座城市的大海……就这样江南江北、西北苏北的来回熏陶着，没想到这么一来倒是开发了李华的一个特长——就是会好几"国"的方言，这个特长又衍生了演小品的特长。说了别不信，在连云港电视台一提到李华，大家伙先夸这是个"角"——小品演得"美得很！"(西北方言)可是，麻烦的是很难一下子说清楚李华的性格里是以什么为主，可能有点像大海的感觉吧：爱哭、爱笑、能思考、会分享！

只不过遗憾的是，李华父母的身体都不好，从 2004 年到 2007 年只是短短的两三年间，李华相继送走了妈妈和爸爸。说到这些，李华的脸上是淡淡的笑，“和病魔斗争太痛苦、太残忍，离开是一种解脱，何况他们是看到女儿自立而骄傲地离开的”。

李华主持节目（与撒贝宁，2009 年 4 月）

是啊，不管人生的最终结果是什么，成功也好、失败也罢，真爱无悔才是最珍贵的。李华从她的父母那里学到了：用真心去爱！

我的大学

聊起自己的大学时光，李华说有两个遗憾：一是学校离家太近，苍梧路上的老职大和自己家住的 778 厂（现兴业时代花园）只隔一条巨龙路。“如果时间紧的话，翻墙头几分钟就能到学校。”李华开玩笑道。二是，那时的大学学习特别紧张，好像和高中也没有什么区别。因为学校规定，三年下来除了拿到毕业证之外，还得拿下南师大的专科自考15门的功课，压力还真是不一般的大！

说到对学校的印象，李华说印象最深的就是学校有许多芦苇荡。“一条南北路，一条东西路。形成一个T字形，好像一个走猫步的T形台。”而对新校区的印象：“大得容易迷路！”李华半玩笑半认真地说！

回忆起当年大学时的一件件事情，李华笑得很开心；说到现在的母校天翻地覆的变化，李华很骄傲！

谈及主持人的道路，李华自认为自己非常幸运。1993年时，建校10周年，学校成立了大学生艺术团。学校团委书记陈建国老师介绍她去当主持人。“因为爱好文艺，我从建工系转到中文系；成立艺术团，我脸皮厚的优势就发挥出来了！我的爱好也被激发起来了！那时候卡拉OK刚兴起！我在系学生会，最爱做的事情就是组织同学和别的系部、别的学校比赛卡拉OK，顺便赚点汽水喝！”从李华轻松调侃的语言中，记者仍能感受到美妙的大学生活给她带来的快乐！

其实，李华的学习也是很棒的！报考南师大汉语言文学专业的自考，第一次考试，李华的卡拉OK唱得有点多，四门只过了两门。第二次，李华认真对待，补考两门加上另报的四门，一次六门全通过了！

的确，热爱是最好的老师！李华的大学生活也印证了这个道理！能做自己喜欢的事情，李华也由衷地感到幸运，由衷地感谢帮她打开这扇门的陈建国老师！

我的工作

当1996年李华走进连云港电视台实习的时候，当1997年李华通过了主持人考试的时候，她都切切实实地感受到压力：一方面，她的机智活泼、她的应变能力都得到了领导的充分肯定；另一方面，自己的专科学历比较低，同时，普通话发音方面有前后鼻韵母不分的缺陷。这些，成为她在电视台立足、发展的软肋。

李华说，那时候在单位乘电梯的时候，有时会遇到台里的前辈。人家看到这个新来的小女生，一般都会问两个问题：你是哪个学校毕业的？一听说是连云港职大毕业的，第二个问题往往就是：你爸爸是干什么的？

领导给了她一个月时间纠正发音。“那一个月，我就像精神病患者，每天嘴巴里念念有词。上下班的时候，一边赶路一边读路边的牌匾字牌！”李华边说边模仿当年练普通话的样子，嘴里面做出念念有词状！

现在这些都成了有趣的回忆，但是每每提到当初给予自己机会的老领导，李华还是满含真诚地说着“感谢！”终于，她用热爱坚持过来，见到了一片新的天地！

1997 年 5 月，李华成了连云港电视台经济部《跟我逛市场》节目主持人。一直到 2005 年 12 月，8 年的时间，李华逐渐形成了自己轻松、幽默、极具亲和力的主持风格。李华比喻说：“这个栏目就像是我的恋人！在很多年的时间里，我的名字就等于《跟我逛市场》！”的确，这个节目融进了李华大量的时间、精力和情感，而她的真爱也获得了认可：1998 年获全国首届“华鹤杯”优秀经济节目主持人奖——这也是到目前为止，连云港电视台节目主持人获得的唯一国家级专业奖项；1999 年获江苏省政府播音主持一等奖。

以后更是获奖无数！

2006 年，正当李华把时尚节目做得得心应手的时候，台领导却把她调到社教部，让她做《李华走乡村》栏目的主持人。她再一次面临挑战：不管是外形和对农村的了解上，看起来她都不太合适，而台领导第一次让主持人的名字作为栏目的名称，又给了她极大的鼓励和支持！

在举台之力的打造下，在《李华走乡村》整个团队的不断突破中，节目获得了成功，李华也品尝了又一次挑战成功的喜悦。其独特的主持风格被业界誉为“田野吹来一缕清新的风”，先后荣获“全国百佳最受观众欢迎的电视栏目”、“江苏省十大名牌栏目”等多项荣誉。李华在总结成功的原因时说：法宝就是“真诚”！她在主持中强调平和与亲和，成为农民的朋友，让他们有快乐与自己分享，有困难向自己求助！那些农民兄弟是最难忘的，他们教给自己什么是平实的感动！

2009 年，李华又被任命为电视台广告中心副主任，虽然在这里如愿以偿地拥有了自己的另一档访谈类节目《李华·分享》，可以用自己平实的自信和轻松去感染身边的嘉宾，但是新的一轮挑战又开始了……

我的人生

不管是小时候父母的影响，还是大学时候的文艺特长，或者自己所从事的电视主持工作，李华都有一颗对自己所从事情的一颗真爱的心！

2005年，李华拿下了中国传媒大学新闻学电编专业的本科文凭，事业上的成功也让她获得了各种各样的荣誉：连云港第九届、第十届政协常委，连云港市第八届、第九届、第十届青联常委，江苏省影视艺术家协会会员，连云港市“五一”劳动奖章获得者。但这些光环之外，李华仍然是一个本色女性。

“她像姐姐般温柔，又像妹妹一样调皮，是一个纯粹的女人；在每天紧张忙碌的工作中，她尽情发挥着优秀的主持才能，游刃有余而又富有感染力，但她绝对不允许出现一点错误，是一个霸道的女人；可是，工作完，她又从不喜欢做美容之类女人味十足的生活享受，是一个很不女人的女人——李华，是一个容易让人过目难忘的女人！”这是李华的同事对她的评价！

“你干的工作是你最大的爱好！你该满足了！”这是李华的老公对她的评价！

“我的工作是我人生中最不会给我压力的那部分，游刃有余，所以有它垫底，压力也就没有什么了！”这是李华对工作的看法！

“我是一个崇尚简单的人！我从不掩饰自己，也越来越学会尊重别人，学会欣赏别人，不会总把自己当主角！金钱是爱情的一种表达方式，仅此而已，我只相信缘分！”这是李华对生活的看法！

心有真爱气自华！本色李华！——这是李华留给记者的印象！

（郑硕　采访于2010年1月）

请让我试一试

——记中远集团连云港远洋流体装卸设备有限公司副总经理、高级工程师　冯是公

冯是公　中远集团连云港远洋流体装卸设备有限公司副总经理、高级工程师

籍　　贯：江苏省赣榆县

院系专业：机械系(现机电工程学院)机械制造与工艺设备专业1992届

座 右 铭：机会总是留给有准备的人

“人生的道路虽然漫长，但紧要处常常只有几步，特别是当人年轻的时候。”中国当代著名作家柳青的这句名言写在他的代表作——长篇小说《创业史》的扉页上。中等个头、皮肤白皙、侃侃而谈的冯是公先生给人一种温文尔雅的感觉，但是随着采访的不断深入，他的智慧、果敢、执着，甚至是置之死地而后生的勇气，给笔者留下了深刻的印象。今天，毕业于我校机械系（现机电工程学院）1992 届机械制造与工艺设备专业的冯是公先生，已经是中远集团连云港远洋流体装卸设备有限公司副总经理、高级工程师。他在人生的几次关键处的抉择，不抛弃，不放弃，很好地印证了柳青的名言。的确，机会总是给那些有准备的人。

一

冯是公是江苏赣榆人，高中时就读于赣马中学。赣马是赣榆的老县城，历史文化积淀深厚，校园里高耸的文峰塔有几百年的历史，默默地看着一批批学子从这里走出。清朝著名文学家吴敬梓的《儒林外史》中的许多故事就取材于此。冯是公是学校的高材生，但高考前的一场大病使他只能到专科学校就读。但他并没有消沉，三年的求学生涯，他像一块海绵不倦地汲取着知识的营养。大一大二时的班主任及秀琴老师、大三时的班主任王克武老师都给了他许多教诲。“我经常到及老师家里去玩，顺便蹭饭吃。那时候他们家就住在南小区。”冯是公摊开手掌，比划着孩子的身高，“他们家的孩子也就这么高！一转眼都快 20 年了！”冯是公感慨道：“真是光阴似箭、时光苦短啊！”

三年的时间一转眼就过去了。冯是公面临着职业选择。按照当时的政策，他必须回到县里。但是，冯是公觉得留在市区对个人的发展会有更多的机会。可是，他是赣榆农村的，除了母亲卖几个鸡蛋补贴家用时有几个钱外，家里是一贫如洗，更不可能有什么贵人相助。他兄妹三个，他是老大。在家里，他躺在床上，四天四夜没吃饭，苦思改变命运的良方。最后，他决定跑遍连云港市区所有的和机械有关的企业推销自己。同时，他做出了一个让许多人觉得荒谬的事情，给市委组织部部长写了一封自荐信。

近 20 年过去了，我们现在已经无从知晓是冯是公信中的情真意切还是信中透露出的才气和水平打动了组织部长。反正，结果就是这位和他素昧平生的组织部长推荐了他。半个月过去了，没有动静。他就又鼓足勇气，亲自上门求助。结果，组织部长竟亲自带他到人才交流中心主任办公室推荐他。后来，他真的被分配到了连云港市东堡车辆厂！

二

冯是公鼓足勇气的尝试为他打开了一扇改变命运的大门。扎实的理论基础加上刻苦钻研的努力，冯是公很快就成长为企业的技术骨干，不久就成了分厂的技术科长。但随着市场化进程不断深入，有着短暂辉煌的东堡车辆厂迅速衰败，很快走到了破产的边缘。冯是公觉得必须再次面对人生的挑战，但他提出的停薪留职、辞职等要求都被以他是技术骨干的理由拒绝了。无奈之下，冯是公只好离职。这样，他的大学同学，也是他的同事、爱人，很快也因为他的私自离职而被企业开除。这时候的冯是公，连生存都成了问题，真是到了山穷水尽的地步。1997 年，他决定到上海试试运气。他最初的想法是，在那里白天干一份工作，晚上卖报纸。但他在闵行的一家生产洗衣粉的企业里只干了一天，就又离开了。“因为，我看到企业破破烂烂，管理混乱，在这里的人是不可能有什么大的发展的！”冯是公解释道，“我爬火车回连云港，人太多，我也只能爬车窗出来。一个乘务员一把把我的行李卷扔到了地上。我觉得我们赣榆人特别能吃苦，吃多大的苦都无所谓，但是我受不了这种羞辱！真的，当时我的眼泪在眼眶里打转。是啊，自己一脸土灰，胡子邋遢，比农民工还农民工！”

但天无绝人之路。即使在人生的低点，冯是公也没有放弃学习。在东堡的时候，企业派 30 多人进修本科，最后只有冯是公一个人坚持到底，既拿到了学历，也拿到了学位。因为有本科文凭，冯是公有机会参加了中远集团连云港远洋流体装卸设备公司的招聘。最终从 70 多人中杀出，成为五名幸运儿中的一位。

三

冯是公再次迎来了人生的机遇。原来自己画图都是用图板，但这里却是用电脑,可自己竟然还不知道计算机的电源在哪里。他马上跑到书店,买来了有关书籍和键盘图,没日没夜地苦练。半个月的时间,他就运用自如了。

作为一名最初学历是大专的冯是公,和许多名牌大学生在一起工作。靠着自己不知疲倦的钻研,从一名技术部的普通工作人员成为技术小组的组长。2002年,技术部经理调离,这时的冯是公又有了一次新的机遇。

调离的经理毕业于东南大学,只有他掌握着企业主打产品中的弹簧钢平衡器计算的核心技术。因为他的调离,企业事故频出,甚至有工人的腿被砸断。企业上下人心惶惶,经理更是急得上火。冯是公凭着以前的技术基础,三天三夜没有合眼,计算出来平衡器的技术参数,挽狂澜于既倒。当这个消息传到调离的技术部经理那里时,他平静地说:“也只有冯是公可以计算出这个参数。我了解他,他太能钻研了!”

因为如此,冯是公刚过而立之年的时候,他被公司任命为主持技术部工作的副经理,代替调离的技术部经理。

四

随着国企改革的不断深入,中国远洋运输集团(简称中远集团)逐渐发展成了以国际航运、现代物流以及船舶修造为主业的大型跨国企业集团,是中国最大的国际航运、物流和修造船的企业集团,综合实力居世界前列。2004年以来,每年实现效益均超过100亿元,成为央企中利润贡献最多的10家之一和世界500强企业。公司拥有和经营着800余艘现代化商船,5000多万吨载重,年货运量超过4亿吨,远洋航线覆盖全球160多个国家和地区的1500多个港口,船队规模稳居中国第一、世界第二。“COSCO”品牌已成为中远集团重要的无形资产。标有“COSCO”标志的船舶和集装箱在世界各地往来穿梭,成为中国的形象代表。在这样的企业工作和发展,冯是公充满了自信心和自豪感,他也为自己当年义无反顾的选择感到骄傲。

大河有水小河满。总公司业务的不断扩大,冯是公所在的中远连云港远洋流体装卸设备有限公司的业务也逐渐得以拓展。2002年5月,有一批斯里兰卡客户到公司考察。公司聘请本市某高校的英语教师担任翻译,但是因为流体装卸设备方面有许多专业术语，英语教师的翻译也“不好使”。在场的公司领导和技术人员，有的英语好但不懂专业，有的专业好英语又不行，一时间眼看场面很尴尬。这时候，从来没有放松英语学习的冯是公站了出来：“请让我试一试！”

一切迎刃而解！

救场如救火，冯是公关键时候的表现不仅让公司化解了一场危机，也让在场的领导和同仁对他刮目相看。不久，冯是公的技术部副经理的“副”字就没了，再以后，冯是公被提拔为总经理助理。2008年，冯是公成为公司的第一副总经理和高级工程师。

因为既懂技术又有漂亮的英语口语，冯是公的事业顺风顺水。近五年来，他代表公司作为技术专家出访了近20个国家，这些又开阔了他的眼界，促进了他的学习。

作为一名赣榆乡下走出的“穷小子”，作为一名初始学历仅为大专的年轻人，冯是公的确是从“草根阶层”走出来的代表。他既没有背景、也没有资金，但他有一颗永不抛弃、永不放弃的心。看来简单的一句话：“请让我试一试！”如果没有底气，是很难说出口的。“别人没有你有，别人有你优！你就能占得先机，脱颖而出！”冯是公平静地说，“我有时通夜地学习，忘记了时间！经常是一拉开窗帘，天已经亮了！”

的确，机会总是给那些有准备的人的。只有平时为机会不断积蓄能量的人，当机会来临的时候，他才会有底气看似平静地说一句：“请让我试一试！”

（郑硕　采访于2010年3月）

中国抗日第一山上的守墓人

——记赣榆县抗日山烈士陵园办公室负责人　贺龙广

贺龙广　赣榆县抗日山烈士陵园办公室负责人

籍　　贯：江苏省赣榆县

院系专业：经贸系(现商学院)企业管理专业1997届

座 右 铭：有一种坚守叫做责任

抗日山，一座英雄的山！

抗日山，位于连云港市苏鲁交界的西北部，是我国唯一一座以抗日命名的山，素有“中国抗日第一山”之美誉。抗日山烈士陵园是在抗日战争纷飞的战火中兴建的。由八路军一一五师教导二旅、山东军区、滨海军区军民于1941年春始兴建。至1944年，先后四次为抗战牺牲的先烈建塔树碑，是我国唯一一座以抗日命名的烈士陵园。墓区建有751座坟墓，安葬着800余位烈士的忠骨，铭刻着3576位烈士的英名。

1982年陵园被公布为江苏省第三批文物保护单位。现为“全国重点烈士纪念建筑物保护单位”、“全国青少年教育基地”、“全国红色旅游重点景区”，并跻身“全国三十条红色旅游精品线路”行列。2008年，创建为国家4A级景区。2009年成为我国首批国防教育基地。

在这座中国抗日第一山上，有一位默默地为英雄守墓的人。

贺龙广，1997年，他从我校经贸系（现商学院）企业管理专业毕业后，在这里已经静静地坚守了13年。2010年清明节前夕，记者驱车前往抗日山，采访了贺龙广。

采访中，他因十几年的坚守而对生命的感悟给记者留下了极深的印象。一次采访，对于记者，不啻于一次灵魂的涤荡！

一

> “这么多年，我接待的官员太多了。这些人中，有的和蔼可亲，但也有的盛气凌人。但，再高的高官，也不会有陵园的烈士有地位。因为想通了这些，所以我总能以不卑不亢的态度做好一切自己该做的事情！”
>
> ——贺龙广对地位的解释

“一方面，逝者为大；另一方面，在匆匆的时光面前，现在许多看似风光无限、颐指气使的人。其实，也只是大海中的一滴水，宇宙中的一浮尘。”松柏常青，青石铺地。贺龙广陪着笔者在陵园中一一参拜。

符竹庭将军陵寝是整个陵园中唯一的为一位英雄建造的寝陵。符竹庭将军是江西人,15 岁参加革命,16 岁加入红军。曾任 115 师教导 2 旅政治委员以及滨海军区政治委员兼区委书记。参加过长征、平型关大捷,领导指挥了郯城战役、赣榆战役等。1943 年 11 月,指挥战斗时,在战马上回头射击,头撞在城门上不幸殉国。

贺龙广指着碑林上的诗歌一字一句地读出:"赣南闽西初相识,万里长征风雨同;君赴敌后驱日寇,血洒赣榆留英名。"1983 年 9 月,时任中国人民解放军总参谋长的杨得志上将写下这首诗,悼念 40 年前在抗日战争中牺牲的亲密战友——符竹庭。

大概因为太熟悉了,他介绍烈士时带着他自己的理解。"符竹庭将军如果不牺牲,应该是上将的军衔吧。因为,他的领导罗荣桓是开国十大元帅之一,和他平级的战友杨勇、李天佑、肖华、陈士榘也都是开国上将!但他殉国了,31 岁,还没有结婚。那时候,过 30 没有结婚的人是很少的。他说要等到打败日本鬼子了再结婚。他牺牲的时候离日本投降还不到两年。你说,他享受到什么样的哀荣不应该呢?"是啊,有什么样地位的人,在这样的烈士面前还值得炫耀呢?

在山的西南脚下,也有一个小小的墓园。贺龙广告诉我,那是近年墓园对社会开放设置的收费墓园。那里,也有许多生前名声显赫、地位很高的人。前些年,甚至一度还有级别上的限制,要达到很高的级别,死后才可进入这个墓地。但是,生前再高的地位,死后也只能偏安于山脚下的一隅,和烈士的地位仍无法相比。

二

> "我也接待了许多名人,但再有名的名人,也没有烈士有名。因为,许多人的名只是一种浮名,要不了几天,谁还会记得你是谁?而烈士的英名才是真正的与日月同辉,与山岳同在!"
>
> ——贺龙广对名气的解释

小沙东海战烈士冢是一个硕大的圆形墓冢。墓的两侧分别是陈毅元帅的题词:"英灵千秋"和陈士榘上将的题词:"浩气长存"。

1943 年 6 月,新四军干部队一行 51 人由苏北盐阜解放区乘船出发,计划到赣榆县柘汪口登陆，然后从陆路赴延安学习，但在小沙东海域与日军巡逻艇遭遇。战斗中，新四军三师参谋长彭雄，八旅旅长田守尧等16人殉国！

“彭雄，参加过长征，曾任红四军参谋长，参加过平型关大战。1939年，罗荣桓率115师师部挺进山东，彭雄任独立团参谋长，与团长杨勇，共同领导鲁西地区的抗日战争。田守尧，也参加过长征，任红15军团78师师长。抗战时任八路军115师344旅旅长，新四军3师8旅旅长兼苏北第二军区司令员。就他们的这些战功，如果不牺牲，也是中将以上的军衔。”贺龙广重点介绍了彭、田两位将军的情况。

“田守尧牺牲后，汪伪特务机关策划了B计划，派特务假冒田守尧独自一人去延安开会，伺机刺杀毛泽东。当时因为条件限制，延安并不知道田守尧牺牲的细节，就在这个假冒田守尧要见到毛泽东的前一天，此人被陕甘宁边区保安处识破，一举抓获。这个真实故事在去年央视热播的电视剧《延安除奸》中表现出来。”贺龙广说的这个故事，许多人就不知道了。

“要说名声，彭雄、田守尧将军留下了千古英名，因为他们为了真理、为了理想而死！至于那个《延安除奸》里‘奸’，谁还记得他是谁?”贺龙广感叹道:“那些走的路与真理背道而驰的人，如果要留下名也只能是千古骂名了!”

三

> “钱是身外之物，生不带来，死不带走。我对这些看得很淡！天天与那些烈士相伴，面对那些为了民族的解放，为了自己的人生理想，宁愿放弃生命的人，你会觉得那些对金钱不择手段的追逐是很可笑、很下作的事情!”
>
> ——贺龙广对金钱的解释

通过贺龙广的介绍，笔者了解到在抗日山烈士陵园，还葬有两位国际友人。

其中一位是汉斯·希伯，他生在波兰，后加入德共，通晓英、德、俄、波兰和中国5国文字。1932年，他告别新婚的妻子来到上海，与史沫特莱、马海德、路易·艾黎等组织“国际马克思主义学习小组”。此后5年，发表大量关于中国和远东问题的文章，成为世界著名的反法西斯政论家。为报道中国的抗日斗争，希伯来到延安，受到毛泽东的亲切接见，并先后采访毛泽东、周恩来、叶挺、项英、罗荣桓等革命人物。在苏北抗日根据地，见到刘少奇、陈毅、粟裕等。1941 年 11 月，发生了鲁中南地区抗战史上最悲壮的战役——大青山战役。希伯拒绝先行撤离，主动要求参加战斗并献出了生命，年仅 44 岁。

徐向前、聂荣臻元帅分别为希伯题了词，题词中称他为“伟大的国际主义战士”。1942 年，山东军民为纪念希伯烈士，为他在抗日山上建立了一座白色圆锥形纪念碑。碑上刻着罗荣桓元帅的题词“为国际主义奔走欧亚，为抗击日寇血染沂蒙”。他是第一个拿起枪杆子保卫中华民族并战死的欧洲人。

“他真的无愧于‘伟大的国际主义战士’的称号。他放弃优越的物质条件，告别新婚的妻子，来到中国并为之献出了生命。相比之下，那些为了金钱不择手段的人显得多么可笑！”

四

“一年之中就忙碌那几十天，其他时间是寂寞孤独的守望！30 公里外就是县城里灯红酒绿的霓虹。刚来时有时觉得很难受，但时间久了，也就慢慢习惯了！在墓园里上上下下走几遭，好像在和那些永远的名字做无声的对话和永久的交流！自己浮躁的心就慢慢安静了下来！”

——贺龙广对热闹的解释

贺龙广介绍说，每年的清明，苏北鲁南无数的人们会来到这里，凭吊烈士。“七一”党的生日、“八一”建军节、“十一”国庆节，还有农历九九重阳节等时间会有一些人来参观。

其他的时间，这里没有什么人。

“因为，我们是烈士陵园，是免费开放的，没有门票收入。靠财政拨款，工作人员的收入也不高。”贺龙广平静地说：“更主要的是，这里离县城 30 公里，比较偏远，上下班不方便。我平时每周一来上班，以前是骑摩托车，现在通公交了，我坐公交到山下，然后步行 20 分钟到山上！平时，就在山上陵园里吃住！”

“住在山上？住在陵园里，害怕不害怕？”贺龙广看出了笔者心里的疑惑，微笑道：“这陵园里住着上将军！保佑着我们这些人呢！歪风邪鬼还不都躲得远远的啊?”

其实,自己也曾有机会去闯荡商海,家里人也支持,但他不愿放弃这里,于是,他选择了坚守!因为他觉得自己做的事情很有意义!

“曾有一批参观者驱车从江西来祭拜!我一问,他们是代表他们的父亲来看望他以前一起战斗过的、牺牲在这里的战友的。他们的父亲曾经也是滨海军区的老战士,在部队卫生队工作,解放后任厅级干部。现在他病了,不能来,就委托他的子孙来!他们非常感谢我,感谢我代表他们守护好了他们父亲战友的墓园!”

本想问他一年一年在这里孤寂不,但看他拿出一个通讯录,那是他大学老师以及同班同学的电话号码本,笔者看到那里有他的班主任谢江老师、李国志老师的名字。我知道了,无需再问。他说,大学时,他还当选过班长和学生会的干部呢!

“不过,的确有人面对清贫和孤寂,难以坚守啊!陵园里原来有三个女解说员,现在只剩下一个。那两个到名胜风景区做导游赚钱去了!”贺龙广感慨道,“萝卜青菜,各有所爱,人各有志,不好勉强啊!”

整个采访过程,除了在贺龙广简单的办公室里的短暂停留外,我们的交谈都在他陪笔者在墓园里上下参观的过程中完成的。笔者怀着崇敬和神圣的心情,听着贺龙广介绍那些神圣的名字,阅读那些英雄的事迹。

而对他自己,贺龙广说得很少,但从他零散的有关自己的话语中,好像他说的又已经很多。他家中弟兄四个,他最小。三个哥哥都做生意,一个在县城、一个在临沂、一个在新疆。但是他,选择了这份默默的坚守。

也许,这些就是“中国抗日第一山”,这永恒的英雄之山,带给他这位守墓人的启迪和回报吧!

（郑硕　采访于2010年4月）

永远是朋友

——记连云港福瑞德医用材料有限公司总经理　徐兴军

徐兴军　连云港福瑞德医用材料有限公司总经理

籍　　贯：江苏省灌云县

院系专业：机电系(现机电工程学院)机械制造专业1995届

座 右 铭：做企业就是做人

按照机电工程学院王克武院长提供的地址，记者来到位于连云港经济开发区峨眉山路时，徐兴军总经理却从另一家公司的大门里走出。徐总解释说，他和朋友合作投资1.2亿、占地80亩的连云港福瑞德医用材料有限公司现在正在紧张的施工中。目前，他们是临时在另一家单位的办公楼上办公，而这一切是由开发区相关部门协调无偿提供的。

他指着办公室的公司规划图告诉记者："福瑞德就是英文FRIEND的汉语音译！这个公司也是我和我的两个中学同学合建的，我希望我们永远是朋友！"

是老师也是朋友

徐兴军出生在著名的千年古镇板浦，这是一座被历史文化浓烈滋养的灵秀之地。李汝珍的《镜花缘》、科学大家汪氏三兄弟闻名遐迩。同时，这里的商业气息也很浓厚，汪恕有滴醋、黄四麻子香肠等声名远播。1970年，徐兴军出生在这座古镇，应该说他身上拥有的质朴诚信的血脉和善于经营的能力与他身后的这片故土也有很大的关系，因为这种特质，他拥有许多朋友。这些，应该是他成功的众多因素中一个重要的方面吧。

1992年，徐兴军考入我校机电系(现机电工程学院)机械制造专业。三年的大学生活，与及秀琴、王克武等老师都结下了亦师亦友的友谊。他成为系里的学生会主席，班级的团支部书记。相同专业的两个班同学经常在一起上课，他和许多同学也结下了情同手足的同学情感。极高的情商、众多的朋友为他以后的事业积聚了相当的人气。在大学时，他就尝试了和同学合作，做起了农副产品的进出口贸易生意。"今天回头来看，赚的钱很少，但是为后来个人事业的发展迈出了第一步！"徐总感慨道。但他依然记得当年毕业时他的班主任王克武老师和他说的话："你将来一定能做出一些事情来！"

"那是我们毕业离校前的那个晚上，我们班的同学在三峡饭庄聚会！王老师亲口对我说的！这么多年来我不敢忘记我的亦师亦友的王老师的话。我知道，这话里包含着老师的感情、期待和信任！每当自己在人生的道路上遇到困难，每当自己稍有懈怠的想法的时候，我一直用老师的话激励自己！"徐总好像又回到15年前的那个夜晚，同学离别、师生分手的那个被情感涂满记忆的夜晚！

“王老师是带我三年的班主任，带我们好几门课。他是我的老师，也是我一生的朋友！”徐总感叹道！

是领导也是朋友

1995 年，从职大毕业的徐兴军进入江苏棉麻集团下属企业板浦纱厂。厂里派他到山东滨州带人培训三个月后，他作为机修工负责生产设备的安装调试，吃住在厂里，整天一身油垢，攻克了一个个难关，终于试车成功。他为企业付出了许多。他 1995 年 9 月结婚时，只请了三天假；1996 年 8 月，爱人生孩子，他只请了半天假；同年 8 月，他母亲去世，他也只在家里待了一天。

但付出总有回报，他的踏踏实实和工作能力都被集团董事长赵润生看在眼里。1996 年 9 月，他成长为公司最年轻的中层，担任车间主任，领导 600 多名员工，一次次超额完成任务；2000 年，他升任纱厂办公室主任；2001 年，由于出色的工作能力，他又升任集团公司下属子公司副总经理，以扎实的工作和较强的业务能力保证了产品的质量和信誉，支撑着企业在激烈的竞争中生存。

2003 年，在润生集团子公司润瑞实业有限公司负责生产的徐兴军，经公司董事长赵润生的举荐，租赁经营润瑞实业有限公司。这一举措，将他的事业和人生推到了一个十字路口。面临抉择，他的压力很大。保守点看，在板浦这个小镇上，他的收入是稳定而令人羡慕的。而要承租的压力和风险是不言而喻的，产品单一、市场萎缩、资金匮乏，但是他没有退缩，毅然做出了决定：把企业租赁过来！

事实证明徐兴军独到的眼光，也证明了赵总的慧眼识才。赵总见证了他的成长、能力和人品。赵总曾是他的领导，更长久时，他们成了可以交心的朋友！

是同学也是朋友

承租企业后，徐兴军很快奔赴南京，从同学手里借了 30 万元，更新设备，扩大规模。现代社会，商场如战场，生意场上无父子，但徐兴军却因为自己独特的人格魅力，在这个现实的社会能和当年的同窗保持着单纯的同学之情。

回顾过去的事业发展，徐兴军认为，自己也走了一些弯路。特别是2007～2009年，自己急于扩大规模，但在县里的乡镇上没有开发区的有利条件、政策配套，硬软件方面都有所不足，另外，单凭他个人靠租赁经营掘得的第一桶金的资金实力，大规模地扩大他的企业也显得吃力。一时间，他的事业发展陷入了瓶颈。

他找到了他的同学。

他给他们分析了自己对医用材料行业的看法。因为他经常参加全国各地的大型展览会、研讨会，他觉得这个行业的产品涉及老百姓的身体健康，国家要求很严，行业门槛高，前期投入大。比如，他们生产的医用敷料，是在手术中替代纱布的，要求无菌净化，需要量大，前期基本上是进口的多，但也正因为如此，一旦进入这个行业，产品的高附加值就会给投资人以丰厚的回报；同时，因为门槛高，竞争对手相对也少，行业管理比较规范。

他的两个同学，一个在南京从事贸易，一个在扬州从事造船，他们作为徐兴军的同学，也是徐兴军的朋友，最后变成了徐兴军的合作伙伴，在连云港经济技术开发区新医药园区合作投资1.2亿元，注册成立了连云港福瑞德医用材料有限公司，他们三个人各占三分之一的股份。

开发区的硬软件条件都非常好。“我就签个合同，其他的就不用管了，我可以把所有的时间都用在企业的管理和经营上！”徐兴军说，“水、电、路、工商、税务，开发区都有人帮我们做！”

“我对这个企业发展很有信心！”徐兴军分析道：“江苏的医疗器械行业全国第一！但主要在苏南的苏州、常州等地，扬州的小企业比较多，连云港也就苏云、千樱大一点，中国这个行业比国外整体落后几十年，发展空间很大，我们年底投产后，可以做到年销售额5个亿！我们希望在5～10年内上市！我们主打产品精密过滤输液器、无菌自连弹力绷带等产品以出口为主，市场前景广阔！”

就像他们公司名字一样，福瑞德是英文FRIEND的汉语音译！我们祝愿徐兴军和他的同学合资建设的企业的发展蒸蒸日上，希望他们永远是朋友！

除了目前正在全力建设的连云港福瑞德医用材料有限公司以外，徐兴军个人还有三家公司。一家是位于宋棚的君悦科技发展有限公司，一家是位于板浦的连云港正瑞医用制品有限公司，还有一家是由他夫人（我校计算机系校友）负责的三瑞医疗器械制造有限公司。

“做企业就是做人”，徐兴军“人”做得好，做出了一个大写的人！他人做得好，就做出了许多朋友，曾经的老师成了朋友，曾经的领导也成了朋友，曾经的同学也成了朋友。“一个篱笆三个桩，一个好汉三个帮！”多个朋友多条路、多个对手多堵墙！

让我们祝福他们——永远是朋友！

（郑硕　采访于2010年5月）

刘文萍升职记

——记连云港新东方副校长、东方爱婴早教中心人事总监、市场总监　刘文萍

刘文萍　连云港新东方副校长、东方爱婴早教中心人事总监、市场总监
籍　　贯：江苏省连云港市
院系专业：社科系(现公共管理学院)公共关系专业2002届
座 右 铭：快乐工作，微笑生活

初见她——我校2002届毕业生刘文萍，170的身高，简单的马尾辫，米色的上衣，舒适的平底鞋，灿烂的笑容，爽朗的声音，一个简洁干练的、活力自信的“杜拉拉”式的白领丽人活跃眼前。随着交谈的深入，她和那个没有身份背景、没有名牌大学学历、并不去争名夺利、只知道辛苦打拼的杜拉拉的形象在我脑子里渐渐地重合……

工作固然重要，学习更加重要

——学生刘文萍

1999年，19岁，进入大学校园，后任社科系学生会主席。

进入大学，刘文萍就进入了社科系学生会，出众的执行力和思考力，让她脱颖而出，被任命为系学生会主席。但当她回忆起那段大学生活的时候，她想起的不是那时当学生干部的种种风光，而是让她在工作过程中深获裨益的专业课程。她说，当时很多学生会干部忙于工作，疏于学习，但是她在忙于工作的同时也不放松学习，是一个年年拿奖学金的学生会主席。现在回想起来，她感激当时的明智。因为当时学习的很多课程在工作中都经常用到。每当她看到很多职场新人连名片都不会接，连用餐礼仪都不懂的时候，她总是庆幸自己上学时认认真真学习了《公关礼仪》这门课，感激这门课教会了她在工作中每个正确的握手、每个标准的坐姿、每次正式的晚餐、每次愉快的交谈。

刘文萍的《应用文写作》作业经常受到老师的褒奖，她说她至今还保存着系里编发的内部资料《应用文写作》。很多学生认为，将来自己工作不做文员、秘书，不用学习总结、计划的写作，应用文和自己的关系不大。她说，其实不然，应用文是研究问题、处理工作、进行交流、解决问题的工具，无论是文科生还是理科生，无论是从事何种职业，写好应用文都是至关重要的。她就是因为在学生年代打下的良好基础，格式规范、条理清楚的公文经常得到领导的赞许。

细节决定成败

——家教刘文萍

2002年3月,21岁,即将毕业,兼职成为一名学生家教。

在大学的最后一个学期,工作学习都告一段落,她意识到自己大学三年,一直忙于学习,忙于工作,没能像其他同学那样打工做兼职,缺少了一份人生体验,也失去了一些丰富阅历、增长社会经验的机会。这时恰巧有一位老师介绍她给一个孩子做家教,于是她就每天在放学的时候接孩子,然后和他一起吃饭,辅导他做功课。孩子家长给了她两个人的生活费,任由她支配。她没有把家长的信任当做理所当然,而是用一个小本详细清楚地记满了和孩子的行程和各种花销,一笔一笔,清清楚楚,一目了然。就是这个小细节,她给孩子家长留下了公私分明、干净利落的形象。

当刘文萍临近毕业的时候,这个孩子的家长成了她的领导,而她在这个单位一做就是八年。

忠诚源于满足

——职员刘文萍

2002年6月,21岁,踏上工作岗位,成为市计算机专修学校一名前台。

扎实的职业素养,出众的语言表达能力,是她在进入市计算机专修学校三天后,就从管理学生岗位调到前台工作。这虽然不是一个多么重要的职位,但却是一个单位给人的第一印象,一个人可以代表整个单位给客户的首次印象。刘文萍很珍惜这个机会,她称前台接触到的信息量很大,可以练就一个人分析问题和解决问题的能力,短时间可以让一个人获得快速成长。虽然前台处理的都是一些琐碎的事,但最琐碎的事情往往也是最紧要的事情,而处理琐碎事的能力并不是每个职员都有的,能耐心地处理繁琐的工作也会有一种成就感。2002 年 8 月，市计算机专修学校所属的东方基业教育集团创建新的学校——连云港新东方学校，刘文萍被任命为该校的办公室副主任。她把新东方当成了自己的家，每天下班基本都是最后一个离开，检查每一处，甚至是男厕所的灯她都会检查并关闭。因为学校刚刚成立，宣传是最大的问题，那时她心急得整夜睡不着觉，还偷偷地哭过鼻子。后来她就和同事们战斗在宣传第一线，发传单、贴海报。她说她永远记得有一次冬天刷好的海报被风刮起盖在脸上的那种心酸。但是，当看到付出逐步获得回报时，她就会觉得很欣慰。没多久，学校就上了轨道，她自己也特别有成就感，觉得这里面也有自己的一份努力。后来尽管有几家其他的公司来挖她，但她说从来没有动过跳槽的念头，因为这里，有信任她的领导，有支持她的同事，更有着她对事业的深深满足，这种满足感会一直支持着她不断前行。

天道酬勤

——主管刘文萍

2003 年 9 月，23 岁独当一面，成为新东方学校办公室主任。

成为办公室主任，下面就有一个团队需要管理，这个团队里面有很多是公司的元老，而她只有 23 岁，怎么管理？刘文萍说只有以身作则，要求别人，首先要自己做到，一定要立得正，行得端。但即使这样，她一方面年轻气盛另一方面追求完美的性格，还是得罪了不少员工。那年年底评优，她想自己肯定是最差的，没人投自己的票。可没想到，唱票结果竟然是她在所有主管里票数最高。她说她自己当时都哭了，这个结果实在是太意外了，也太珍贵了，这里包含了员工对她工作的肯定，对她努力的认可。从此她更加相信付出总有回报，而她也是年年先进。

她的领导曾对她说过这样一句话：和你最亲的人不光是你的家人，还有和你一起打拼的人。刘文萍一直牢记着这句话，她格外珍惜和同事共事的缘分，现在她说自己在管理团队时不再一味苛求、一味严厉，而更多使用激励机制，这样更有效率，也更人性化。如今她和同事们已经亲如一家，在她生孩子时她的家人还没到，她的领导、同事已经先到医院了，这份情谊让她一直感怀。她认为，这些年，工作的确很辛苦，付出也很多，但一切都已经有了回报。一切都是值得的。

永无止境

——副校长刘文萍

2008年,28岁,羽翼日渐丰满,成为新东方学校副校长,后兼集团下属早教中心人事总监、市场总监。

这时的她,成熟而自信,她现在分管的工作纷繁复杂、千头万绪,包含行政管理工作、招聘工作、薪资工作、市场推广工作等,但无论是哪项工作,她都尽心尽力、兢兢业业。她对待每一件事情都事无巨细,一视同仁,认真对待,竭力做好。刚刚和我校工会联办的"六一"亲子活动,她们中心负责的宝宝组虽然只有28个家庭参加,但刘文萍作为协办者还是写了十几页的策划书,派出了16名工作人员,工作的认真程度让人敬佩。她说她的工作里最难的就是薪资。这项工作既敏感又重要,必须对每个员工的工作表现、课时安排乃至家庭情况都要了如指掌,才能做出合情合理又合法,既让员工满意又让老板满意的薪资。这项工作又不能假手于人,乃至她在生孩子的前一天还在做薪资,出了月子的第二天,她又开始做薪资。

市"新长征突击手"、"集团特殊贡献奖"、"优秀党员"是让多少人羡慕的荣誉,但她总是不以为然。昨天的成就又如何?她说,好比古希腊学者的比喻:我们的知识像圆,圆的面积越大,它周围未知的领域越宽广。这就需要我们无止境地探索和追求,而不是满足于当下。正是她对事业的全身心投入和永无止境的追求,才成就了今日的成绩。

要有主人翁精神

——学姐刘文萍

2010年,30岁,毕业8年,作为学姐她有话说。

刘文萍想用她多年的招聘经验给学弟学妹们一些告诫。她坦言,现在很多毕业生眼高手低,对那些工资高、待遇好的职业,他们往往趋之若鹜,而对基层的、艰苦的工作往往不屑一顾。部分毕业生甚至幻想一毕业就走上领导、管理岗位。但工作是一个不断积累经验、不断提高能力的过程，千万不要幻想一步登天，不要以为自己的工作不起眼，就提不起精神。无论具有什么样的资历，对企业来说，都是个不具备经验的新人，所以进入一家新公司要展现一种新人的低姿态，然后将自己的重心放在努力学习、积累工作经验上，使自己积累大量的专业知识与技能，成为极具竞争力的职业人，这样，以后才会有好的发展。

她建议即将踏上工作岗位的毕业生们去阅读《新主人翁精神》一书。这本书教育大家要感悟到自己是岗位的主人，应该以主人的姿态从事岗位工作，即便是打工的、临时性的工作，也首先要以为自己打工的心态去做好工作。从刘文萍自己身上，我们就看到了这种主人翁精神：把工作上的事当成自己的事，甚至比关心家事更关心工作；主动、积极、负责、奉献、坚持、追求成功、永不言败；不贪图名利、不计较得失，只是全身心地投入工作，全力以赴地完成任务，以“怎样才能更好、怎样才能更快”的标准处理每一个工作细节。当她这样做时，可能没有刻意地想到什么，但是，只要长期坚持这样做了，该得到的，就能得到。

职场小说《杜拉拉升职记》封面上的广告语是这样写的：她的故事比比尔·盖茨的更值得参考。比尔·盖茨是微软的总裁，也是世界的首富，他的奋斗历程当属成功人士当中最为突出的典范，但显然，并不是每个人只要努努力就能变成第二个比尔·盖茨。而像刘文萍这样的我们身边的“杜拉拉”则是一个现实的白领升职代表，她的升职生涯是坦荡的，付出了艰辛的努力，经历了各种磨炼，最终靠她的智慧闯出了一片小天地，她的故事更平易近人，更实际、更朴实一些。从而对我们来说也就更实用，更值得参考。

（张波　采访于 2010 年 6 月）

做汪洋中的弄潮儿

——记连云港永超建设工程有限公司董事长

汪　洋

汪　洋　连云港永超建设工程有限公司董事长

籍　　贯：江苏省连云港市

院系专业：建工系（现建筑工程学院）工民建专业1995届

座 右 铭：诚实做人，诚信做事

连云港，这座中国首批开放城市，近年来以一种后发先至的气概成为江苏沿海开发战略的龙头，无数的楼群拔地而起，城市就像那青春期的阳光少年，一天天地长大、长高。在众多建设港城的建设者中，有一位畅游其中的弄潮儿，他就是我校建工系(现建筑工程学院)1995届工民建专业毕业生，现任连云港永超建设工程有限公司董事长的汪洋。

以项目成就荣誉

从2003年成立永超建设起到现在，回顾不长的历史，永超建设已经在连云港的建设市场完成了多项工程：连云港开发区华源市政公司新办公楼、职工宿舍、生产车间；连云港经济技术开发区大浦工业区二区场地回填工程；连云港康缘药业康贝尔公司新建的游泳馆、体育馆、大学生公寓、博士后流动站、锅炉房、田径场、网球场等小区总承包；灌云县五图河农场种子烘干车间及仓库工程；中石化连云港石油公司加油站改造工程；连云港东部新区云龙房地产公司开发的获中国城市楼盘金奖的“海连新天”小区及会馆等多项工程的施工总承包，该小区全部荣获市级文明工地和优质结构，其中J1、J2、K1、K2还荣获省级文明工地；连云港阳光海湾置业公司中央华府幼儿园及售楼会馆，部分高层和阳光排屋项目；连云港市德兰置业公司德兰汽车城部分工程……

这些项目，就像一个个脚印，见证了汪洋和他的团队走过的历程。因为他和他的团队走得自信、踏实、从容、坚定，一个个荣誉接踵而至，就是对他和他的团队的褒奖和肯定。从2003年7月组建永超建设工程有限公司任董事长起，短短7年的时间，汪洋的公司迅速成长为连云港地区有实力、有影响的公司：房屋建设工程总承包二级企业，经营范围涉及房屋建设工程、地基与基础工程、建筑装修装饰工程、土石方工程等。注册资金2068万，资产净值3128.8万。汪洋和他的公司取得了无数的荣誉：2007年江苏省建筑业优秀企业、江苏省建筑业优秀企业经理、连云港市人民政府命名表彰的AA级《重合同守信用企业》、ISO9001：2000质量管理体系认证企业、连云港市建筑业优秀企业、连云港市安全生产管理先进单位、连云港市质量管理先进单位……承建的工程荣获多项省市文明工地、优质结构和连云港市建筑最高奖——玉女峰奖。

而能够创造出这样的业绩，是以汪洋为领头羊的一个团结奋进的团队。目前，永超建设已拥有一批素质高、懂业务、会管理的技术人员 163 人，其中高级职称 10 人，中级职称 73 人，初级职称 70 人，二级建造师 13 人，三级项目经理 23 人。

以信誉开拓空间

汪洋认为："在当前的建筑市场，品牌的作用越来越重要！而要树立品牌，诚信是首要条件，而质量又是衡量诚信的最基本所在，是企业品牌的本质！"

企业质量管理活动造就质量文化，质量文化又完善企业管理！面对激烈的市场竞争，汪洋在公司中提出了"精心管理，严格施工，以质量求生存，以信誉拓发展"的质量方针，将打造精品工程作为创建优秀施工企业的重点，取得了良好的社会效益和经济效益。

要想树立品牌，诚信是首要条件。汪洋和他的永超建设公司一直把诚信作为企业永远遵循的经营条件。为了恪守诚信，汪洋要求公司坚守"三个坚持"的经营底线，即坚持重合同守信用，企业多年来从未发生过违反合同规定的行为，得到了甲方的广泛赞誉；坚持兑现甲方的承诺，对甲方的拨款从来不挤不占，做到专款专用；坚持对员工进行诚信思想教育，从公司主要领导、项目经理到普通员工都牢固树立诚实守信的思想，把恪守诚信作为公司每个人的行为准则。

施工质量是衡量一个施工企业能力的试金石，为了打造更多的精品工程，汪洋把工程质量作为企业的生命。公司真正做到了目标管理、过程监控、阶段考核、一票否决、奖罚分明。他们把诚信作为经营的理念核心内容来构筑，在职工中深化"诚信为荣，失信为耻"教育，全面加强企业诚信教育，树立公司品牌，赢得市场。

为了更好地服务客户、保证质量，永超公司把服务客户提到"企业第一需要"的高度，不断完善用户的服务体系，建立健全"四制一卡"制度，即优质工程承包制、质量定期回访服务制、项目责任人制和质量一票否决制，以及《用户意见反馈卡》。通过工程回访、问卷调查、现场调研组织座谈会等多种形式，广泛听取方方面面的意见和要求，发现问题，随叫随到，及时处理，直至用户满意。据了解，近两年，公司每年发出的《反馈卡》500 多份，回访率、处理率、满意率都在 95%以上。

以梦想成就未来

作为从我校走出来的毕业生，1995 年汪洋毕业后在连云港市建筑安装总公司机械化施工公司新技术开发部任技术员，1998 年在江苏农垦建安总公司连云港分公司技术科任科长、副经理。“毕业后，我是有专业基础的，在建筑行业普遍文化层次不高的情况下，我很快就显示出了优势！不管是建筑设计，还是工程造价，许多东西自己都是有数的。仅仅从这一点上，我也要永远感谢我大学时候的老师！是他们教给我生存和发展的本领！”谈起母校，汪洋还是多次使用自己上学时候的校名，时不时地说“我们职大”如何如何，言谈中流露出一名赤子的拳拳之情。作为一名有梦想的年轻人，百忙之中汪洋并没有忘记进一步提高自己，2006 年，汪洋拿到了中国农业大学园林专业的本科文凭。

梦想成就着汪洋的未来。汪洋觉得：“别人做得好，永超人相信自己一定做得更好！”这是一种态度，也是一种自信。汪洋把目光更多地投向明天，开拓更加壮丽美好的新事业并不断超越。

汪洋认为，中国经济发展为世界瞩目。在经济发展大潮中，每天都面临着诱人机遇和巨大的挑战，而我们连云港作为江苏沿海开发的龙头，更是给建筑业带来了无限商机。我们永超人一定会努力进取，抓住这个千载难逢的历史机遇，在建筑业的舞台上一展风采！

汪洋介绍，永超公司未来仍将坚持以房屋建筑工程施工总承包业务为主，各种经营并举的发展方针；坚持以“精心管理，严谨施工，以质量求生存，以信誉拓发展”的质量方针；坚持以“诚信为本，守法经营”的公司理念；坚持以“永葆进取，超常发展”的企业精神。通过观念创新、技术创新、战略创新和文化创新，不断提高企业的技术水平和管理水平，为改善和美化人们的工作环境、居住环境，促进建筑业发展作更大贡献。

是啊，在江苏沿海开发的汪洋大潮中，我们相信，汪洋和他的永超公司一定会是成功的弄潮儿！

（郑硕　采访于 2010 年 9 月）

我只想做通一个行业

——记上海帮富贸易有限公司、高邮市鸿翔服饰有限公司总经理　刘定国

刘定国　上海帮富贸易有限公司
高邮市鸿翔服饰有限公司　总经理

籍　　贯：江苏省高邮市

院系专业：工美系（现艺术与旅游学院）服装设计专业2000届

座 右 铭：做最好的自己

本想利用周六的时间驱车到高邮去采访刘总，但是，我们的运气很好，周四的时候，他大学时候的班主任、艺旅学院的张海红院长打来电话："刘定国在赣榆新开了一家厂，正在返回高邮的路上，来学校看看我这个老班主任，同时，也来看看母校的新校园是什么样子。你到我办公室吧！"

一

于是，我们的交流就从他在赣榆开厂聊起。

刚30出头的刘总，留着短发，显得很精神。镜片后的眼神中流露出年轻人的热情、企业家的严谨和生意人的精明。他很健谈，我的采访也就很轻松，基本上仔细听就可以了。这样的采访难得，也很快乐，比起有的采访要挖空心思设计问题，回答却只有"挤牙膏"一样的"拷问"，要愉快得多了。

为什么会在外地投资做服装企业呢？

"我的老家高邮，纺织服装是支柱产业，是常熟等地的生产基地。我在高邮的生产基地目前有200多名职工。当地的情况是，工人工资很高，甚至比上海的同类企业都高。为什么？因为，上海有大量的内地打工者，如安徽、四川等地，工资要求不会太高，但高邮是传统的服装加工基地，基本使用的是当地工人。这时候的劳动力就是一种稀缺资源，老板们只好哄抬用人工资。同时，我在当地已经做得很好了，再发展就一定会伤害其他同行的利益。因为我们很多人都是朋友，这是我不愿意看到的！"

为什么会在赣榆投资做服装企业呢？

"现在的服装企业，正是在优胜劣汰的洗牌阶段，迅速扩大企业规模，提高抗风险的能力，显得尤为重要。赣榆总人口有100多万，年轻人也比较多，劳动力资源比较丰富；同时，当地人比较淳朴，也能吃苦！当然，还有重要的一点，赣榆县是属于连云港市的，自己和爱人的大学都是在连云港上的，对这片土地有感情，同时，也有很多人脉！——这样，我就占尽了天时地利人和啊！"

新厂有多大规模？

"占地25亩，建筑面积3500平方的标准厂房，用工200多人。"

二

那么，在赣榆开新厂之前的情况呢？

刘总介绍，他是在2006年开始创业的。注册公司、建造厂房、招聘职工、购买设备，2007年投产。目前，主要是给国内外一些著名品牌加工生产、贴牌生产，如波司登、雪儿、特步、艾格、麦考林、上海东隆、Kappa、Only、Esprit等。一年的销售额大约在1500万，今年的销售估计在5000万。

但是，他的创业也不是一帆风顺的。

2006年，当时在上海外企工作的他，主要从事服装技术、生产、质检、业务、贸易等各环节的工作。他想和一个亲戚合作。他负责销售，亲戚负责生产。总投资100万，结果3个月下来，亏损了70%。他个人每个月亏5000元，这正好是他当时的月薪。到年底的时候，他给亲戚支付了他的本金，结算了工资，把所有的亏损自己承担下来。就在自己为如何过年发愁的时候，因为自己平时的良好信誉，一位客户不仅付清了所有的货款，而且主动问他缺多少钱。20万！客户主动借给他20万，让他渡过了企业初创时的艰难！

三

那么，在创业之前呢？

在这之前，刘定国分别在上海的三家从事高档服装进出口贸易的外资公司工作，一家是美国公司，一家法国公司，一家德国公司。最早的一家是美国某著名公司在上海的办事处，刘定国是在这家公司刚刚创办的时候进入的，是这家公司招进的第一人。在法国公司里，他做到了高级QA，业务订单量很大。在德国公司，他成了时装品质部的经理。

多年的闯荡摔打，让他对这个行业的资源、管理、流程、规则等烂熟于心。他觉得对这个行业已经很熟悉了，自己也逐渐成熟起来了！

于是，他才决定回乡创业！

再往前呢？

再往前，刘定国当然和许多刚出校门的大学生一样，是一个没有什么经验的小伙子。

1999年，他在我校工美系服装设计专业上大二，要实习了。他和一个同学到常州找实习单位。两个人合睡在一张一米宽的钢丝床上，买来的廉价被子一抖直掉棉屑。当招工的领导问他要多少工资时，他老老实实地回答："不要工资！只要让我们到厂里上班，学习技术就可以了！"

结果，他在厂里干了一年多，学会了相关专业的技术和管理。

四

关于服装这个行业，刘定国有自己独到的看法。

服装这个行业其实是很传统的行业，比起现在时髦的投资、金融、低碳、环保等新兴行业，显得很不被看好。但是，正是因为如此，现在从事此行业的人比较少，加上前两年金融危机，许多厂家倒闭或转行，但是，随着经济的复苏，人们的需求特别是高档服装的需求反而扩大，同时，衣食住行是大众基础消费，需要量非常大。此消彼长，服装行业的潜力还是很大的。现在，他需要的就是迅速扩大生产能力，有了较大的生产能力，他才可能接大商家的大订单，为自己企业的进一步发展打下基础。

刘定国总结道："多少年来，我只做这一个行业！我想，做通一个行业比贪多嚼不烂要好得多！我只要坚持下来，在这个行业里，我朋友最多、资历最深、经验最足。生产、技术、设计、采购、销售、研发，我都干过、都了解！同时，干实体很辛苦，我却不怕吃苦。有了这些，我想我会成功的！"

对这份事业，刘定国有着更深刻的理解。

现在，自己事业的成功，不仅意味着自己人生的成败，更关系到一份社会责任。"我的企业有500人，一年的工资就要上千万。我做得成功与否，还关系到许多人的饭碗。如果一个月没有订单，企业就要亏损，工人就发不上工资，这比我自己赚多少钱让我更加感到压力。"

对自己事业的未来，刘定国更有很久远的思考。

"我现在只做了整个工作的20%～30%，从小打小闹为人家生产，到贴牌生产；从向别的企业手里接单子，到自己和大商家直接洽谈；从通过中间商进出口到直接和外商做贸易；从用人家的牌子到创出自己的品牌。这中间的工作，有许多刚刚起步，有许多还没有开始！但是，我有信心把自己的事业做大，我们的合作伙伴波司登等著名品牌开始的时候也是很小的企业。”

五

是啊，许多东西才刚刚开始，许多东西也许不会开始。但是，你如果想成功，你就不能不为成功而“时刻准备着”，因为“成功是留给那些有准备的人的”！

那么，今天看来，刘定国大学时候的努力也是为他后来成功而做的准备。

在系里，他是体育部的部长。平时早操考勤很忙；篮球、羽毛球都是高手；学校田径运动会上，更是女生瞩目的焦点。在学生会，他是学校学生会的文艺干事，校园卡拉 OK 比赛的“十佳歌手”。同时，他还是学校党委宣传部所属学生宣传组的组长，学校有活动了，插彩旗、挂横幅、贴标语，忙得不亦乐乎。他上学时，系里的张海红、陈建国、倪杏峰等老师，宣传部的王晓明老师、张波老师，都教给了他许多东西，他和这些老师也结下了深厚的友谊。

他现在也有了一些力量来回报母校了，他愿意尽自己的力量，为母校做一些事情。他甚至主动和老师联系，把自己在赣榆的新厂作为我校学生的实习基地，甚至愿意吸纳我校优秀的毕业生到他那里就业。

回望刘定国的成功，我们依稀看到他奋斗的路径：一名大学生、一名实习生、一名打工者、一名外企白领、一名创业者、一名奋斗者、一名成功者！

十年如一日，心系一处，心无旁骛，只想做通一个行业，这种坚持可能是刘定国能够成功的最大原因！

也许，刘定国总经理的成功，对我们现在忙着找工作的大学生们会有一些有益的启发吧？

（郑硕　采访于 2010 年 12 月）

在希望的田野上

——记连云港市海州区新坝镇王付村党支部书记、连云港市十佳村官　张静姝

张静姝　连云港市海州区新坝镇王付村党支部书记

连云港市十佳村官

籍　　贯：江苏省连云港市

院系专业：计算机系(现信息工程学院)电子商务专业2004届

座 右 铭：悟

我——很爱自己村官的这个身份，我很爱农村的这份工作，我很爱自己所拥有的这一切，所以我想让我所爱的农民更加幸福，我想让我所爱的农村更加富裕，我想让我所爱的这片土地更加美丽。

——张静姝

很喜欢张静姝的这段话，它道出了一个80后女大学生村官对自己工作的热爱和眷恋。没有见到张静姝之前，很难想象，一个时尚青春、充满激情和梦想的女孩子是怎么和农村联系起来的，这样的搭配和谐吗？但当她坐在我面前，从容自信，侃侃而谈，“生态养猪”、“蔬菜大棚”、“农业园”、“乡村旅游”等一个个术语脱口而出时，一切皆有了答案。这就是这个女孩喜欢的工作，喜欢的生活，正如她所言，她是真的很爱村官这个身份，正是有了这份热爱，一切显得那么和谐，那么充满希望。

农村，这块充满希望的土地上，这片广阔的舞台上，活跃着一群靓丽的青春舞者——大学生“村官”。他们，挥洒汗水，贡献智慧，他们在平凡的岗位上，焕发着青春的光芒，张静姝就是这个群体中的一员。她是我校信息学院2004届电子商务专业的毕业生。2007年4月，经市委组织部选拔，现就职于江苏省连云港市海州区新坝镇王付村，担任王付村支部书记，兼任新坝镇文化中心副主任。

我的事业在希望的田野上

大学毕业后，她也尝试过各种工作，做过服务员、销售员、卖场播音员，还在一事业单位里任过职。但直到她作为唯一一名专科生考上大学生村官时，她才真正找到了自己的事业所在。一个在城市中成长的女孩，对农村工作更是知之甚少，可这并不影响她对农村的热爱。“来到农村，我才发现要做好农村工作不是一件容易的事，要学的东西实在太多了，我心中一直有一个信念，那就是要扎根农村，服务农村，帮助农民，服务农民，所以我一直坚持在这个岗位上，因为我明白为群众做实事的路上没有‘放弃’这个词……”，这是张静姝在海州区大学生村官座谈会上的发言内容。短短几年的时间，她从普通群众到中共党员，从普通办事员到部门副职，从村主任助理到村支部书记，一步一个脚印地成长着，同时也享受着这份事业带给她的快乐。

沙杭村是张静姝在新坝镇的第一站。这个村子曾是全市有名的上访村，2007年4月，张静姝作为村主任助理也来到这个村子，她在学校学习的专业是电子商务，利用自己的专业优势，她为沙杭村建立了各项工作的电子档案，平时经常到网上收集各类农副产品信息，为农民提供更丰富的供销渠道信息，并利用业余时间，根据每个村干部的不同需求，帮助村干部们学习计算机知识，使他们每个人都能自如运用办公软件。为了引导种植大户，她牵头组建鑫杭蔬菜苗木专业合作社，借助公司的技术力量和销售渠道集体进行科学运作，在比较短的时间内使花卉苗木产业迅速成为全村乃至海州区的富民特色品牌产业。在新西村任职期间，正好是这个村开展康居工程调研阶段，她冒着凛冽的寒风，白天挨家挨户丈量房屋、园田、清点树木，晚上整理数据、绘画房屋宗地草图，经常忙到深夜，每天工作时间长达17个小时。

张静姝在给猪喂食

一切都很顺利，直到她被推选为王付村支部书记。作为新坝镇第一任女书记，她才真正感受到压力所在，意识到村官虽小，但不是凭一腔热情就能干好的。上任伊始，张静姝就遭遇到了“信任危机”。不仅村民不信任她，就连党员也对这个年轻的领导不太“感冒”。当我问她是怎么管这些手下时，她很严肃地纠正了我。她说，我不是“管”人，而是在调动他们的积极性。她用她的实干，她的热忱，她的认真去影响他们，去调动他们的积极性。那段日子她一家家走访，曾经一个月内，走访了

30 几位党员家庭。她尊重他们的想法，尊重他们的经验，渐渐赢得了大家的信任和支持。

我的青春在希望的田野上

张静姝认为农村最有意义的事就是让村民们富起来。特别是她在看完李源潮同志关于大学生村官创业的批示后深有感触，深受鼓舞，深深地感受到农村为大学生施展才华、实践人生提供了极好的舞台和机遇，青春与热血就应该洒在这块热土上。她只是一名村主任助理时，日常工作就是协助处理一些很琐碎的小事。她也明白，对于每一位农民来说，再小的小事也是大事，所以在处理每一件事情时，她都会兢兢业业、认真负责地做到令村民们满意。可是作为一名大学生村官，带着服务农村、建设农村、发展农村远大理想的她，并不满足于仅为农村做这些小事，她想要通过自己的创业来推动农村的产业，要通过自己更高层次上的努力奋斗为农民做更大的实事！于是，认准了目标的她，便勇敢地挑起了重担，做起了整个村子经济开路人。她一方面自己带头创业，带动科技兴农，为农村创业致富作出新的贡献；另一方面积极建言献策，认真开动脑筋，找到合适大家创业的项目，促进农村经济发展。2008 年，通过市场调研和实地考察，张静姝与朋友创办了鑫源发酵养猪场，一期投资 20 万元，猪场面积达 5000 平方米，拥有猪舍、饲料加工厂、管理用房、隔离房等功能房。周边的老百姓对此产生了极大的兴趣，经常到猪舍参观，询问相关养猪技术，为了让这项新技术尽快形成规模，彰显特色，她又牵头组建魏口村畜禽养殖专业合作社，为农户提供养殖、销售“一条龙”服务。

在今年，张静姝还联合镇内 14 名大学生村官共同投资创办了现实版的开心农场。农场由农作物种植区、家畜养殖区、水产养殖区三大功能区构成，一方面利用种植的农作物喂养家畜，再利用家畜粪便发酵为种植区提供有机肥料，为市场提供符合国家标准的绿色农产品和有机农产品，建成涉及生态农业、生态旅游和文化教育娱乐的多元化经营示范基地；另一方面通过开放部分土地，对外开发租赁业务，结合新坝镇乡村旅游产业的发展，使更多的城市人通过吃农家菜、住农家院、上果园摘果、下菜园种菜来放松身心，真正形成城市“后花园”效应。农场建成后，还将进一步成立专业合作社，吸收当地贫困户加入合作社，农场内的所有产品通过国家食品监督局认证后，进行统一管理、生产和销售，带动更多群众增收致富。

我的梦想在希望的田野上

张静姝说，她现在有两个梦想，一个是想组建“金翅膀”大学生村官团队。金翅膀的意思就是放飞梦想的翅膀！这个想法她在参加全市女大学生村官座谈会之后就更加强烈了。现在我市着力培养“三型”大学生村官：创业富民型、服务群众型、社会管理型。根据实际情况，她觉得将村官的力量团结起来，在统一的组织领导下，集体创业、集体服务、集体管理，把火力集中到一个点上，这样才能发挥更大的作用。

不过，张静姝的工作激情更多来源于内心深处的另一个梦想，她说：“我的心里一直有个梦想，那就是有一天用自己的钱创立一个专门为留守儿童设立的基金会！”说这句话的时候，她微低着头，仿佛有点不好意思，可是那表情分明又像是一个人勇敢地说出自己内心最大的心愿后的释然。也许有人会笑，一个小女孩能做什么大事？能赚多少钱？只是在一个农村里刚刚开始创业的大学生村官，她凭什么？是的！她凭什么？她凭的就是虽然身在基层，却坚持用自己的奋斗与才干为农村作出更大贡献的精神；她凭的就是虽然分配在落后的农村，却踏踏实实地走自己的路，不去与那些在繁华都市里的同学相比较的乐观、坦然；她凭的就是内心有着一个强大的原动力——那样一个美丽的梦想！

“一分耕耘，一分收获”。如今，她的发酵床养猪项目年利润达 6 万余元，并荣获全市青年创业大赛二等奖，她成为海州区第一批科技特派员，光荣地成为新坝镇人大代表、全市妇女第十三次代表大会代表、连云港市第二届十佳大学生村官。

告别浪漫的大学校园，奔走在希望的田野上，呼吸乡间泥土的气息，与辛劳的村民朝夕相处，这就是年轻的女大学生村官张静姝的真实写照。我们祝福她，希望她的青春梦想在这片希望的田野上闪光，为这片希望的田野增光添彩……

（张波　采访于 2010 年 12 月）

因为热爱

——记连云港市电台交通广播主持人　张文杰

张文杰　连云港市电台交通广播主持人

籍　　贯：江苏省连云港市

院系专业：计算机系(现信息工程学院)计算机应用专业2004届

座 右 铭：兴趣是最好的老师

男人对机械的痴迷似乎是天生的，设计、性能、引擎声、奔驰的速度感对男人来说都是极大的诱惑。汽车是具有魔力的盔甲，男人穿上它立刻变成了梦想中的勇士。荷马史诗里写道："人类有史以来最伟大的征服就是对马的征服。"古代勇士征服马，现代男人演绎成了征服汽车，在这个同时征服世界。张文杰也不例外，他更是车迷中的车迷，但不同的是，当我们中的大多数都在从事一份只是用来谋生的工作时，他却把自己这份对车的痴迷融入自己的工作、自己的事业中去。把兴趣当工作，或者从事喜欢的工作，这是很多人梦寐以求的，张文杰就是这样一个幸运又幸福的人，他说，世界上没有比现在的工作让我更想从事的了，它给了我几乎所有需要的：激情、责任、认同感、成就感和职业高峰体验。

我是幸运的——在大学时代就找到了自己所热爱的

张文杰从事的行业是电台主持人，所做的工作是在节目里聊汽车。一个是播音，一个是汽车，这两样在他大学时就是他的兴趣所在。

2001 年，他进入了我校计算机系（现信息工程学院）学习。和所有新生一样，满怀激情，充满幻想，渴望表达，很幸运的是，他找到了一个自己擅长而又喜欢的平台。通过过五关斩六将，他很幸运地考进了学校的"春之声"广播电台，他用"惨烈"一词形容当时的竞争激烈程度，有几百人应聘，有四五轮考试，和后来市电台的招聘比起来，也毫不逊色。张文杰回忆说那不足十平方的电台小屋就是他梦想的发源地，没有校电台的磨炼，就没有今天他在节目中的侃侃而谈，就没有他在面对听众时的从容自信。由于很好的音色，稳健的台风，很快他在学校的各种大小晚会中开始担任主持人，成为学校当仁不让的第一男主持。后来参加学校"十佳歌手"大赛，他又拿了一个第一名。他说，在学校的三年，是他自信心飞速增长的三年，作为学校电台的播音员，作为学校晚会主持人，各方面素质得到了飞速提升，他的普通话在提高，他的应变能力在提升，为他以后所从事的工作打下了很好的基础。所以他说，他永远牢记在大学的那些日子，那些日子让他第一次体会到了荣誉、成就的滋味，这滋味是那么的美好，它一直吸引着他走向自己热爱的那条正确的道路。

汽车，当时还不像今天这么普及，拥有自己的座驾还是看似很遥远的事情，张文杰只能通过各种杂志、网站搜索寻找各种车的信息，满足自己的汽车梦。在他大三那年，张文杰拿到了自己梦寐以求的驾照，向自己的汽车梦迈出了第一步。

我是明智的——在想放弃之前，我坚持了

命运真的很难捉摸，要不是一个类似于电视剧里的桥段，张文杰也许现在还是一个本本分分的企业职工。

大学毕业后，张文杰听从父母的安排，做着一份朝九晚五的稳定工作。直到有一天，就像电视里常演的那样，他的一个朋友要他陪着去人才市场应聘，那个朋友要应聘的是电台的播音员。这时，他心里一动，自己有过三年的播音主持经历，为什么不去试一试呢？于是，中午他匆忙地打了一份简单得不能再简单的简历，在人才市场关门之前送了进去。没想到没多久就接到了笔试通知，后来又接到了面试通知，他轻松地成为被留下的 20 个人中的一员，被分到了交通频率，成为一名记者。

张文杰还来不及庆幸自己一切来得那么容易，一切来得那么顺利的时候，他很快发现了现实的严峻，自己的专业是计算机，在这里没有用武之地，自己所谓的经验，在专业面前变成了业余，自己的理想是做主持人，现在却只是一名稿子都写不好的小记者。那时，面对台长不留情面的严厉批评、一次又一次被退回的稿件，张文杰内心异常沮丧。尤其有一段时间，他消极到了极点，也浮躁到了极点，那时他刚刚参加了一个全市的主持人大赛，当时参加的有很多都是很有经验的电视台、电台主持人。但他出人意料地在强手如林的比赛中挺到了决赛，进入了十强。这时他丢失已久的自信心又回来了，他想这时台里应该看到他的实力，应该委以重任了吧。但是面对的依然是台长不停的打击鞭策和一成不变的枯燥工作。幸好时间是最好的灵药，那段日子在日趋熟练的采访、越来越少被退回的稿件中渐渐过去，他挺了过来。所有的磨难都是财富，现在回想起来那个当时他最怕最恨的台长是他最为感激的人，正是严格的近乎苛刻的要求，才使当时浮躁的张文杰沉下心来，踏实做事，低调做人。这位台长也是他事业的引路人，正是他把自己的品牌节目《交通在线》转给张文杰做，张文杰这才算真正当上了主持人，实现了自己的播音梦。

我是幸福的——我在为自己所热爱的而奋斗

在做《交通在线》期间，张文杰还同时帮别人代了一段时间的汽车节目，效果出乎意料得好，领导也发现了张文杰的兴趣特长，“这小伙子很懂车”。2009 年，迎来了汽车普及化时代，随着车价的走低、收入的提高，汽车的私人消费被快速拉动，以前高高在上的汽车正渐渐驶入寻常百姓家。在这种契机下，电台领导和张文杰的想法一拍而合，一档为听众提供选车技巧、预防买车陷阱，以及车子性价比等方面信息的节目——《车族风尚》应时而生。

这是张文杰一手打造、真正属于自己的第一档节目，所以，当时他只有一个想法，那就是“拼了”。那些日子，张文杰夜以继日地强记各种机械参数，查阅资料，学习如何评价车辆的安全性、如何评价车辆的操控性、如何评价车辆的配置等专业知识。就这样，张文杰的节目风生水起，还形成了带有浓郁个人特点的节目风格，他在节目中立志做一个有原则、有观点的人，他言犀辞利，对于车型满意的地方，绝不吝惜褒奖，对于不尽如人意之处，也不会心慈口软。他的真实和专业迅速赢得广大听众和车友的认可，同时也赢得了业内人士的尊重和好评。节目做了没几个月，当他步入各个 4S 店、各个修理厂时，发现那里的销售人员、维修工人竟然都是自己的听众。所以，很快，他的节目从原先的非黄金时间调到黄金时间，时间也由原来的半小时延长到一小时，众多广告商也纷至沓来。张文杰将《车族风尚》打造成了名牌，而《车族风尚》也成就了张文杰。在同时面对听众和汽车厂商时，张文杰清楚地知道，“对于听众来说，广播不是唯一的选择；而对我来说，听众是我唯一的选择。所以我只忠于自己的真实感受，只说真话。”他知道听众才是衣食父母，才是根本。他感激他的听众，也喜欢与他们交流沟通，他甚至把自己的电话公开出来，在接受我采访的过程中，就不断有听众打电话过来咨询汽车，他都不厌其烦地一一回答。张文杰说，他很享受这种听众和车友对他的信赖，这让他很有成就感，张文杰还为听众建立了 QQ 群，在那里，节目的服务和外延又扩大了，有专业知识的探讨，有驾车乐趣的分享，有亲情、友谊的沟通。今年，张文杰又顺势而上开辟了一档新节目《汽车淘宝》，为听众提供专业的二手车评估信息，开播至今，也是好评如潮。

张文杰说，“既然要做主持人，就要做一个让别人都知道的主持人。听起来这可能是出自虚荣心，但我是这样想，如果没有‘虚荣心’，也就没有了努力的方向和目标。”这是一个80后年轻人的自信和真实。当我问起他对自己的生活有什么不满意的地方的时候，他爽朗地笑了，“做着自己最喜欢的主持人工作，谈论着自己最痴迷的汽车，还能有那么多人与我一起分享我的兴趣，我还有什么不满足的?”是啊，还有比这更幸福的事吗，为兴趣而工作，为理想而工作，又能够赚钱，这的确是最幸福的。

后记：张文杰喜欢驾驶，喜欢与车迷侃车，喜欢这种操纵中带来的急速乐趣。他也相信，人们都看到了汽车改变生活、带给生活的另一种速度和色彩。当人们的大部分时间和车待在一起时，汽车与人的关系就如同家庭成员般亲密，对于汽车的保养、维修、乐趣以及在汽车上的生活，都会成为都市人日后生活的一个重心。而国内对与汽车文化认知的萌芽状态，让他看到了自己节目的意义。我为他找到自己的人生乐趣而感到高兴，为他充满灵性的节目而鼓掌，祝愿他的节目越办越好，我会一直收听！

（张波　采访于2011年3月）

行胜于言

——记连云港格兰特化工有限公司（连云港树人科创食品添加剂有限公司）副总经理　胡　林

胡　林　连云港格兰特化工有限公司副总经理

籍　　贯：江苏省盐城市

院系专业：化工系（现医药与化学工程学院）精细化工专业2001届

座 右 铭：行胜于言

当记者得知医化学院高健院长介绍的校友是连云港格兰特化工有限公司负责销售的副总胡林时，心想负责销售的一定是个嘴巴特别能讲、特别善于推销自己的人，但是，两个小时的接触，胡总给我的印象竟然使我想起了一个词——行胜于言！

一

“我是个学习很一般的学生，也不是什么学生干部，如果说我有什么长处的话，可能就是动手能力比较强！”中等身材，戴着眼镜，快言快语的胡总比记者想象的还要年轻，“清华北大，不如连云港职大！当年有这个说法的原因有很多，但是我觉得我们职大的许多的毕业生不像有些名校的学生眼高手低，自己愿意动手去干、动手能力比较强应该是原因之一吧！”

“我是化工系 2001 届的！那时的连云港职业大学和连云港市职教中心合并时间不长，我们化工系的三层小楼就在图书馆的北面。可能是要调整教室吧，系领导决定把一个在一楼的实验室整体搬到二楼，问学生中谁愿意带这个头，我就毛遂自荐了！”胡总把眼睛往鼻梁上推推，好像又回到了十几年前的大学时代：“看起来就是一个实验室的搬迁，其实是很复杂的！整个的水电、设备、仪器要完全重新安装一遍！线路、仪表、坛坛罐罐，这对于一个大二的学生来说，并不是一件容易的事情！”胡总笑着说，似乎还在回味当年的那个毛头小伙的勇气，“不过，一个实验室安装下来，学到的东西感觉比修三门课程还要多！百闻不如一见，百见不如一干——这话是没有错的！”

“我要永远感谢我大学时代的老师！他们不光是教给了我书本上的知识，我觉得更重要的是，他们教会了动手、实干，教会了我‘行胜于言’这个我一生受用的道理！我还要感谢他们信任我，把自己创建的企业交给我去管理，让我在实践中逐渐成长起来！”

二

“也许，就是因为我在搬迁实验室中表现出来的比较强的动手能力吧，大三实习的时候，李明达主任就让我到当时刚刚创建的连云港树人科创化工有限公司去实习了！公司是以生产食品添加剂为主的精细化工企业，设备安装的量是很大的！自己是个大学校门还没有出的小年轻，有的是精力，工作起来不知道什么是累，但是，我还是要感谢李明达董事长和祝桂林总经理，他们俩都是化工系的老师和领导，学校里的事情比较多，就把许多具体的事情大胆放手交给我来做了！如果没有他们不拘一格的使用，也不会有我的今天！"

胡总说："当时工厂里生产时电线电路或是设备管线出了故障，只有我去才能解决！"当记者以为是他的水平高时，胡总有些自嘲地说："不是我水平高，而是设备是我安装的，我那时的水平比较低，安装不够规范，没有把所有的线路明确地标识出来，别人无法找出其中的问题啊！"

但是，就是这样，胡林坚持了下来。"从公司的创建，到现在，十多年了，自己不光是成了公司的元老，从技术到生产，从策划到销售等，自己逐渐成长为企业发展的中坚！"

"记得2001年自己从职大一毕业，马上就成为公司的正式职工！并且工资是从2000年我到公司实习时算起的！"胡总眯起眼睛，好像想起当年的那个难忘的时刻："我记得很清楚，李明达老师一次给我补了9个月的工资，每个月300元，一共是2700！那时候300元的月薪并不算少，10年前2700也并不是一个小数字！记得当时自己很激动，还专门买了一条红塔山的香烟！"

三

胡总大体向记者介绍了公司目前的情况。"我们公司现在的年销售量大约是5000吨，销售额大约在5000万人民币，其中70%是出口。在食品化工行业，不光是在国内，就是在国外也已经有相当的知名度和美誉度，同样的产品，我们的比同行的要贵5%～10%。目前，国家严厉打击食品行业违法添加剂，打击得越狠，对我们越有利，因为比起那些小厂、小作坊，我们拥有强大的品牌、研发、生产、销售方面的综合优势！"

胡总的话题一转，"但在初创期间，我们的日子也很难过，生产能力达到月200吨，但是销售不到100吨，最少的时候只有30吨！生产出来销售不出去，公司效益就不可能好，有大约一年的时间，我拿的工资很少！但是，我相信，只要我们有好的产品，一定会有柳暗花明的时候！”

“当时，我还兼任同属于一个总公司的树人化工的职务，经常是格兰特化工这里下班，就到树人化工去上班；树人这里下班，再转到格兰特化工去上班。有时候，多少天都吃住在厂里，连续上班两天两夜、三天三夜是家常便饭！虽然，牺牲了不少自己的时间，但是，能力、水平都提高了！”

四

现在的胡总，负责格兰特化工有限公司的产品销售。“我一年要去要几个国家，参加许多个产品展览会。正因为我们要经常参加展览会，看得多，就会知道客户需要什么，我们会把这些信息带回来仔细研究，以指导我们的生产！”胡总认真地说：“我们要的客户并不是今天到我们厂里买两吨货的二道贩子，而是像康师傅等这样稳定的大客户！丢掉一个客户很容易，但是发展一个客户很难！”

胡总介绍说：“现在的企业不是改革开放前的国营企业，销售不是靠卖卖嘴皮子、开开订货会就能完成的。这里最关键的还是要专业、靠实干！人家要看你的管理规范、看你的产品质量、考察你的企业！一批送检的产品达到标准并不意味着你批批产品都能达到标准，只有你的管理规范，也就是你生产产品的‘模子’规范，那‘模子’里出来的产品才会批批合格！”

“我们会继续埋头实干，争取早日成为销售过亿的行业龙头企业！”胡总信心十足地说！

众所周知，清华大学的校风是“行胜于言”。而我们学校作为一所以培养高素质技能型、应用型人才的高职院校，也有着“德行兼备，知行合一”的校训。当记者问其作为一名过来人的学长，对目前在读的大学生有什么告诫的时候，他引用一句宋代大诗人陆游的诗句：“纸上得来终觉浅，绝知此事要躬行。”

让我们在校的同学们与胡林等学长学姐们共勉吧！

（郑硕　采访于2011年5月）

老大的幸福

——记东海县牛山果树综合实验场场长、
东海县绿园房地产开发有限公司
董事长　李其先

李其先　东海县牛山果树综合实验场场长
东海县绿园房地产开发有限公司董事长

籍　　贯：江苏省东海县

院系专业：社科系(现公共管理学院)文秘专业 1996 届

座 右 铭：奉献也是一种幸福

幸福是什么？可能1000个人就有1000种答案。有人说，幸福是快乐；有人说，幸福是财富；有人说，幸福是地位；有人说，幸福是自由；有人说，幸福是功名；有人说，幸福是完美的爱情；有人说，幸福是圆满的家庭……而他说，幸福是一种奉献，幸福是一种责任！

别人都叫我老大

他就是李其先，是我校1996届毕业生，现在是东海县牛山果树综合实验场场长、东海县绿园房地产开发公司董事长。周围的人，有人喊他李场长，有人喊他李董也有人喊他老李，但喊得更多的却是“老大”。

从孩童起，老大的名号一直如影随形地跟着他。他从小就是个孩子王，整天领着一堆孩子蹿上跳下、调皮捣蛋，令家长头疼不已，但孩子们却喜欢跟随他，因为他仗义、聪明、胆大、有能力、有担当。他的确比一般孩子要早熟，在中学时，当一般孩子还只知道学习玩耍、向家长要钱时，他已经开始做起了小生意，赚取生活费。

上了大学以后，他成了名副其实的老大，在宿舍里，他年纪最长，阅历也最为丰富，成为宿舍里最有号召力的人物——老大。他经常组织宿舍的兄弟们一起出去郊游、踢球、吃饭。要让别人心悦诚服地喊老大，当然不是吃吃饭、喝喝酒就成的，必须有真本事才行。李其先在学业上不怎么努力，但却酷爱读书，图书馆是他经常去的地方，管理类、营销类等经济读物更是他的兴趣所在，因此他的知识面颇为宽泛。他在学校里是活跃分子，人缘极好，他曾经在班级里组建了一支女排，把六名从没有打过排球的女生组织起来，他做教练，从零开始，耐心教授，没想到这支队伍竟然在学校的比赛中拿了个冠军回来。他爱好广泛，涉猎颇多，演讲、歌唱、运动样样喜欢，样样出众，当时是他们系统篮球队的主力，以擅长三分球出名。在大学里，他作为“老大”的付出，赢得了同学们的信赖，得到了老师的喜爱，他自身也同样感受到了作为“老大”的那种幸福。这种幸福就是关心，它存在于那些看得见的行动中，存在于看不见的思念与牵挂中，存在于人与人之间的内心里。在和同学老师的相处中，他感受到了这种存在。毕业以后，同学们还是一直亲切地喊他老大，愿意和他一起分享他们工作、生活中的点滴。

老大的责任

幸福就是被人关心，就是关心别人。关心别人则与责任联系在一起，而只有在对责任的理解中才能感觉到幸福。所以老大有老大的幸福，老大也应该承担老大的责任。李其先踏上领导岗位后强烈感受到了这一点。他是1996年从我校文秘专业毕业的，毕业后，一直在牛山果树综合实验场任职，他从普通秘书做起，一步步做到办公室主任、场长、书记。他觉得最难忘的一段工作经历就是在下属企业——马陵山果园任场长的那几年，就是在这里，他真正感受到了自己肩负的责任。当时的马陵山果园是整个系统效益最差、人员最不稳定、氛围最不和谐的一个单位。他作为果园的一把手，几百名员工的“老大”，他切实地感到了压力。所以上任后的第一件事就是搞调研，那段时间，他的办公室从早上七点半到晚上九点半全天候接待果园的员工，了解果园的真实情况和员工的所急所想，最多的一天，他接待了35名员工，忙得连吃饭的时间都没有。很多员工在和他谈心后对单位又有了信心，“这个场长有点不一样”。在调研后他发现了果园人心不稳定的症结，那就是养老保险和医疗保险问题。他迅速把工作重点转移到这两件事上，调动各种社会资源，圆满解决了困扰职工多年的大难题。以后，职工对李其先更加信任和支持了，他的工作开展起来容易多了。他说，问题是用来解决的，不是用来逃避的，只要你是真心为职工做事情，他们就会把信赖给予你。

幸福的味道

李其先喜欢牛山果园这片土地，这是他工作了15年的地方，这里留下了他的青春和热血。在这里，他随时能嗅到幸福的味道。这里2000年被国家林业局评为首批“全国特色种苗基地”之一，是中国最大落羽杉繁育基地，他们生产的“幸水梨”曾在江苏省优质水果评比中荣获二等奖。李其先兼任下属房地产公司董事长，虽然房地产是目前最火的行业之一，但他更看好的还是生态林木，他也一直朝着这个方向努力。李其先和他的团队为了提高果品“含金量”和市场的认知度，一直把推广无公害标准化生产、培育优质果品作为强场富民的第一抓手，着力加强果品标准化建设。现在的牛山果园已形成从苗木繁育、栽培管理、病虫害防治到市场开发、产品销售一体化服务网络体系，每年可向社会供应优质无公害果品100万公斤以上。他为自己从事的这份工作而感到自豪，人生幸福的最高境界，就是在自己最热爱最珍惜的事业上施展才智，在竞争中提高自己，在奋斗中成就自己。每当看到山顶松槐叠翠，山腰林果漫漫，山脚瓜果飘香的秀丽景色，一种幸福感、成就感就油然而生，仿佛已品尝到世间最珍贵的"幸福的味道"。

幸福源于责任

一位获得诺贝尔文学奖的瑞典作家拉格洛夫曾说："幸福是对责任自觉的承担。"李其先非常认同这句话，他认为这是对幸福的确切解释。他说，一个人如果能够自觉自愿地选择自己的行为，并为自己的行为承担责任，这就是一个人最大的幸福所在。如果没有责任感，人的所谓的幸福感就没有了意义！责任在不同的时期，不同的人物，体现的内涵也不同，有"天降大任于斯人也"的责任，有"天下兴亡，匹夫有责"的责任，有"孝老爱幼，夫妻和睦"的责任，有"爱岗敬业，助人为乐"的责任……他说，在家庭里，我是父亲，我是丈夫，我愿意承担教育子女的一切责任，愿意和妻子负起照顾家庭的所有责任，所以我感到幸福。在单位里，我是领导，是员工的主心骨，我必须为企业的发展、职工的利益承担责任，看到企业蒸蒸日上，职工的日子越过越好，我感到幸福。在朋友中，我是老大哥，是他们信任的人，当他们遇到难处时，能尽可能地给予帮助，听到他们喊真心地喊一声"老大"，这时也感到了幸福。他说，人活着就是希望别人更多的需要，最大的需要就是被需要，这才是人生最根本、最持久、最具有社会意义的幸福，这是一种刻骨铭心的心理感受和体验，妙不可言。

电视剧《老大的幸福》里有这样一句台词：我的兄弟姐妹们，人人幸福、家家幸福，咱们就是打断了骨头也连着筋呢，你们幸福，那自然大哥就幸福。这也是李其先的心声，他相信幸福取决于人的心态，只有具备奉献的幸福观，才能确保人生和社会更美好。所以，李其先一直在享受着"老大"的幸福。

（张波　采访于2011年6月）

后　记

从2007年3月起，我们开始在校报上开设《校友风采》专栏，到今天《以你为傲——连云港职业技术学院校友风采录》的问世，已经5年过去了。5年来，大家以对学校历史负责的精神，以日积月累、集腋成裘的态度努力工作，完成了近百名校友的采访任务，积累了数十万的采访文字和百余幅图片资料。现在我们将其中的前50篇汇集成册、结集出版，这既算是对5年来这项工作做一个小结，也是为以后更好地工作加油鼓劲！

连云港职业技术学院前身是连云港市职工大学，1979年始举办国民教育系列的专科学历教育；1983年2月经教育部批准，成立全日制普通高等学校连云港职业大学；1999年3月经教育部批准，连云港职业大学与连云港市职教中心合并，更名为连云港职业技术学院。30多年来，学校培养了4万余名毕业生，由于诸多因素的制约，我们所采访的这些校友，还远远不可能代表全部校友的风貌，好在这项工作我们还在坚持着继续做。但是，即使如此，我们仍然认为，将这些校友的动人故事和精彩人生与更多的人分享，依然具有特殊的意义。这本书也可以看成是大学生创业与就业的实例，希望通过这本书为在校大学生们学习先进、规划自己的大学生活提供新鲜的范本，树立良好的榜样。

这项工作得到了全校方方面面的关心和支持。党委书记吴建成同志和院长刘润忠同志分别为本书作序，院长刘润忠同志和党委副书记仲伟勇同志分别担任主审和主编。2007年至2012年在宣传部工作的诸同志参与了本书的策划、采访、写作、统稿、校对、通联等工作。在采写的过程中，各二级学院的时任和现任书记、院长等领导和许多校友的班主任、任课教师都积极帮助联系，提供采访线索。在此一并表示由衷的感谢！

为保持历史的真实性，书中提及的老师和被采访对象的情况均与采访时发表的文章保持一致，50位优秀校友的排序以采访时间的先后为序。

万事开头难！本书记录的仅仅是连云港职业技术学院诸多优秀校友中的一小部分，好在有了这第一次的经验，我们会继续努力。由于编者水平有限，加之条件所限，书中内容难免有不足之处，敬请读者批评指正！

编　者

2012年7月